Inspirerend Amsterdam

REISGIDS VOOR DE BEWUSTE BEZOEKER

Inspirerend
Amsterdam

Huibert Teekens

Meinema | Averbode

De *Reisgids voor de bewuste bezoeker* richt zich op diegenen die bewust op zoek zijn naar de geschiedenis, de cultuur, de spiritualiteit en de godsdienst(en) van het land, de regio of de stad die zij bezoeken. Niet alleen sporen uit de oudheid, maar ook recente geschiedenis en hedendaagse uitingen van spiritueel leven komen aan bod. De locale keuken en de natuur krijgen eveneens aandacht. De reisgidsen bieden in kort bestek achtergrondinformatie, maar ook beschrijvingen van routes en wandelingen die het betreffende gebied op een verrassende wijze ontsluiten voor geïnteresseerde reizigers.

De *Reisgids voor de bewuste bezoeker* leent zich voor gebruik vóór, tijdens en na de reis en verhoogt uw reisplezier.

Redactie: Jan Hofstra, Piet van Midden en Piet van Veldhuizen

Verschenen:
- Piet van Midden, *Israël en de Palestijnse gebieden* (tweede druk)
- Peter Morée, *Praag*
- Katharina Kunter, *Berlijn*
- Piet van Veldhuizen, *Polen*
- Piet van Midden, *Jordanië*
- Paul van der Velde, *Boeddhistisch India*
- Huibert Teekens, *Inspirerend Amsterdam*

In voorbereiding:
- Bernard Postma, *Inspirerend Rome*
- Chris Doude van Troostwijk, *Elzas*
- Katharina Kunter, *Oostelijk Duitsland*
- Jielis van Baalen, *Egypte*

www.uitgeverijmeinema.nl
www.averbode.com/religie

Boekverzorging: Studio Anton Sinke, Nieuwerkerk a/d IJssel

ISBN 978 90 211 4236 4 (Nederland)
ISBN 978 90 317 2843 5 (België)
NUR 511
D/2009/39/165

© 2009 Uitgeverij Meinema, Zoetermeer

"'t Is wel een skoone stad, maar 't volcxken is te vies."

De Spaanse Brabander in het gelijknamige blijspel van G.A. Bredero, 1617

"Een ieder is hier zo vervuld van zijn voordeel, dat ik er mijn ganse leven zou kunnen wonen, zonder ooit door iemand opgemerkt te worden."

René Descartes, 1631

"In deze bloeiende en voortreffelijke stad leven alle mogelijke natiën en geloven eendrachtig samen. En geen enkel geloof is er zo gehaat, dat zijn aanhangers niet onder de bescherming staan van het openbaar gezag, mits ze niemand schade berokkenen, een ieder het zijne geven en eerzaam leven."

Baruch de Spinoza, 1670

"Allez, canaux, canards, canaille, Je n'rai rien vu chez vous qui vaille." (Grachten, eenden en gespuis, ik heb er niets gezien dat waarde heeft.)

Voltaire, 1722

"Wat ik heb verzameld? Aangename uren. Het feit op zich om hier te kunnen zijn om te kunnen ademen, geeft al vreugde."

György Konrád, 1999

"Amsterdam is beroemd en berucht tot ver over de landsgrenzen. Meestal is dat iets om trots op te zijn, soms niet."

Burgemeester Job Cohen, 2003

"De coolste stad ter wereld."

The New York Times, 2008

Inhoud

Inleiding

Amsterdam is een wereldstad in zakformaat. Geen enkele andere Europese hoofdstad biedt de bezoeker zoveel historie, sfeer en diversiteit op zo'n klein oppervlak. De binnenstad met zijn romantische grachten en scheve huizen gaat samen met een kosmopolitisch aanbod aan cultuur. In vergelijking met steden als Londen en Parijs is Amsterdam een dorp, maar dan wel een dorp met een ongeëvenaarde diversiteit aan mensen, nationaliteiten en religies. Maar waar Amsterdam vooral om bekendstaat is de vrijheid, zichtbaar in een ontspannen omgang met zaken die elders taboe zijn. Een vrijheid die soms onder druk staat, maar nog steeds gekoesterd wordt.

Welke verhalen schuilen er achter de stenen van deze stad? En hoe zijn die verhalen vandaag in de cultuur en in de mensen aanwezig? Dat vertelt deze gids. Aan praktische reisinformatie wordt minder aandacht besteed. U vindt hier wel een schat van bijzondere verhalen, die uitnodigen tot ontdekkingstochten en die inzicht geven in wat Amsterdam tot Amsterdam maakt. De gids begint met een samenvatting van de stadsgeschiedenis. Daarna volgt een overzicht van het (multi)culturele Amsterdam. Een aantal thematische hoofdstukken geven uitleg bij de verschillende stadsdelen. Elk hoofdstuk bevat een stadswandeling met kaart. In het hoofdstuk 'Jordaan' komt het rebelse karakter van Amsterdam tot leven, het deel over de grachtengordel vertelt over rijkdom, en in de binnenstad wordt verteld over de herkomst van de Amsterdamse tolerantie. De gids bevat ook een fietstocht door het landelijke Waterland en Amsterdam-Noord, een stadsdeel dat ten onrechte vaak wordt overgeslagen. Tenslotte wordt ook aandacht besteed aan een reeks inspirerende plekken, waar men de drukte van de stad achter zich kan laten. De wandelingen sluiten voor een groot deel aan bij de thema's van de hoofdstukken. U kunt de wandelingen maken in de aangegeven volgorde, maar u kunt de nummers ook naar eigen inzicht met elkaar verbinden en zo uw eigen routes creëren. Amsterdam kan erg druk en stressvol zijn, vooral in de binnenstad. Per wandeling wordt een rustige tijd aanbevolen. Veel ontdekkingsplezier gewenst!

Stadsgeschiedenis in vogelvlucht

Volgens de ontstaanslegende werd Amsterdam gesticht door twee mannen en een hond die op de Zuiderzee verdwaalden in een Koggeschip. Na lang dwalen door de mist van de geschiedenis strandde het bootje bij de monding van de Amstel. Die plek werd als vestigingsplaats uitgekozen voor een nieuw te bouwen stad, die 'over de gehele wereld vermaerd zal worden en de kroon van Europa dragen zal.' Het Koggeschip werd op het stadszegel afgebeeld. Dit zegel is op veel plaatsen in de stad te zien.

1000 – 1200 Over het werkelijke ontstaan van Amsterdam is nog veel onduidelijk, maar zeker is dat de geschiedenisboekjes herschreven moeten worden. In 2008 werd door onderzoek van een historisch geograaf bekend dat de eerste bewoning aan de monding van de Amstel dateert van rond het jaar 1000, i.p.v. rond 1200. De hoofdstad van

Nederland is dus 200 jaar ouder dan werd aangenomen, maar is daarmee nog geen oude stad. Steden als Leiden en Utrecht – beide ontstaan als Romeinse grenspost – zijn bijna 1000 jaar ouder. De drassige Amstelmonding leek in eerste instantie nauwelijks voor bewoning geschikt. Deze ongunstige geografie heeft in grote mate bijgedragen aan het karakter van Amsterdam en haar bewoners. Zij schiep de voorwaarden voor de belangrijkste inkomstenbron: de handel.

1275 Dankzij het tolprivilege van graaf Floris V krijgen de bewoners van 'Amstelledamme' vrijstelling van tolbetaling voor de goederen die zij door het graafschap vervoeren. Het is de eerste geschreven bron waarin de naam Amsterdam voorkomt (p. 120).

± 1280 In Amsterdam wordt een kasteel gebouwd ter hoogte van de huidige Nieuwendijk, waarvan de fundamenten bij opgravingen in 1994 zijn ontdekt. We vinden het ook terug bij Joost van den Vondel. In zijn toneelstuk *Gijsbrecht van Aemstel* [1637] voert hij het kasteel op als decor voor een 'koningsdrama'. Lange tijd is gedacht dat het kasteel aan Vondels fantasie was ontsproten. Wie de opdrachtgever was voor de bouw en de sloop (rond 1330) van dit mysterieuze bouwwerk is nog steeds een raadsel.

1345 In een woning aan de Kalverstraat wordt een hostie ongeschonden in het haardvuur aangetroffen. De hostie blijkt zelfs over geneeskracht te beschikken. Dankzij dit 'Mirakel van Amsterdam' wordt de stad een religieus centrum en een pelgrimsstad van betekenis (p. 63).

1452 Voor de tweede maal brandt een groot deel van de stad af. Het stadsbestuur besluit dat alle huizen van steen moeten worden gemaakt. Twee huizen van hout zijn tot op heden in Amsterdam te zien (p. 47, 68).

1481 Amsterdam komt in conflict met de bisschop van Utrecht en begint met de bouw van een stadsmuur en vestingwerken. De Schrelerstoren, de Munt en de Waag (p. 50, 73, 177) zijn overblijfselen van deze vesting.

1535 Fundamentalistische Wederdopers plegen een aanslag op het stadhuis. De opstand wordt met geweld onderdrukt (p. 76). De stad wordt multi-religieus. Behalve Wederdopers vestigen zich ook Lutheranen in Amsterdam. De katholieke kerk verliest steeds meer gezag.

1568 De Tachtigjarige Oorlog breekt uit met als inzet geloofsvrijheid en onafhankelijkheid van Spanje. De opstand wordt geleid door prins Willem van Oranje. Amsterdam schaart zich aan de kant van het Spaanse gezag.

1578 Het jaar van de 'alteratie': Amsterdam kiest de kant van de opstand. Het katholieke stadsbestuur wordt afgezet en vervangen door protestante en Prinsgezinde burgemeesters (p. 77).

1585 Antwerpen valt in handen van de Spanjaarden. Veel Vlaamse kooplieden verhuizen met hun handelsnetwerken naar Amsterdam. De belangrijkste handelsconcurrent is daarmee zo goed als uitgeschakeld (p. 78).

1595 Als de Portugese tussenhandel in specerijen niet meer bereikbaar is, besluit een aantal kooplieden zelf deze kostbaarheden te gaan halen in Indië. De eerste vloot zeilt van Amsterdam naar Java. In 1602 wordt met dit doel de VOC opgericht (p. 53).

± 1610 De eerste joden vestigen zich in Amsterdam. Zij komen uit Spanje en Portugal, op de vlucht voor de Inquisitie (p. 127).

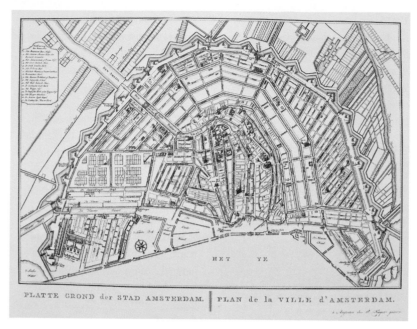

PLATTE GROND der STAD AMSTERDAM. PLAN de la VILLE d'AMSTERDAM.

De komst van deze en andere immigranten betekent voor Amsterdam een belangrijke impuls.

1585 – 1660 Gouden Eeuw In de eerste helft van de zeventiende eeuw domineert de Republiek, met Amsterdam voorop, de wereldzeeën. Amsterdamse schepen brengen de wereld in kaart tot aan Nova Hollandia (het huidige Australië) toe. De stad verzamelt pakhuizen vol rijkdommen en trekt als een magneet mensen, geld en goederen aan. In het zeventiende-eeuwse Amsterdam worden de middeleeuwen voltooid verleden tijd. Het buitenland bekijkt dit republikeinse en protestante wereldwonder met een mengsel van verbazing en jaloezie. De stad zou de aanzet hebben gegeven voor het moderne kapitalisme (p. 124), het verlichtingsdenken, het

atheïsme en zelfs de Franse Revolutie. De nieuwe elite van de stad laat zich portretteren door schilders als Rembrandt (p. 143), Govert Flinck (p. 66) en Ferdinand Bol. Er worden monumentale kerken, magazijnen en grachtenpanden gebouwd, die tot vandaag het beeld in de binnenstad bepalen. De bevolking van Amsterdam groeit gigantisch: van 30.000 inwoners in 1578 naar 175.000 in 1650.

1613 Om de oude stad wordt de kenmerkende halvemaan van grachten aangelegd en er wordt een wijk voor ambachtslieden gebouwd: de Jordaan (p. 91).

1648 De Vrede van Munster wordt getekend, waarmee een einde komt aan de Tachtigjarige Oorlog en de Republiek erkenning krijgt.

Amsterdam is tijdens de oorlog uitgegroeid tot het centrum van de wereld. Om die status en ambitie te onderstrepen wordt begonnen met de bouw van het stadhuis op de Dam (p. 57).

1650 Stadhouder Willem II is het beu dat Amsterdam de politieke besluitvorming domineert en stuurt een leger op de stad af. Er wordt overeenstemming bereikt zonder dat het tot een langdurig beleg komt.

1688 – 1798 Als echtgenoot – en neef – van Maria Stuart komt stadhouder Willem III in 1688 op de Engelse troon. Het gevolg is dat kooplieden steeds meer de voorkeur geven aan Londen. In de achttiende eeuw vervalt de Republiek langzaam tot een tweederangs mogendheid. Amsterdam verliest zijn positie als stapelmarkt voor de wereldhandel. Een kleine elite blijft rijkdom vergaren terwijl het arme deel van de bevolking groeit. In 1798 gaat de VOC failliet. De Patriotten keren zich tegen de stadhouder, die verantwoordelijk wordt gehouden voor de miserabele toestand.

1787 Twee jaar voor de Franse Revolutie nemen de Patriotten de macht over in de stad. Het Pruisische leger komt de stadhouder te hulp en de Patriotten vluchten massaal naar Frankrijk.

1795 In Amsterdam komt het tot een geweldloze omwenteling. De burgemeesters worden afgezet en het *Comité Revolutionair* neemt de macht over. Franse troepen trekken over de bevroren waterlinie Holland bin-

nen en worden als bondgenoten onthaald. Stadhouder Willem V vlucht naar Engeland.

1806 Keizer Napoleon stuurt zijn broer Lodewijk naar Holland om daar als koning orde op zaken te stellen. Deze neemt zijn intrek in het stadhuis op de Dam en maakt van Amsterdam de hoofdstad van een koninkrijk (p. 58). Lodewijk weet zich geliefd te maken bij de bevolking. In 1810 dwingt Napoleon zijn broer afstand te doen van de troon en wordt Nederland bij Frankrijk ingelijfd.

1811 Keizer Napoleon bezoekt Amsterdam en overnacht er in het *Palais Imperiale* – het paleis op de Dam. Economisch bereikt de stad een dieptepunt. Huizen staan leeg en bewoners trekken weg. Door de handelsblokkade heerst in alle industrieën malaise.

1813 Willem Frederik, zoon van stadhouder Willem V, landt op de kust van Scheveningen. In de Nieuwe Kerk wordt hij als koning Willem I beëdigd tot soeverein vorst der Nederlanden. België en Luxemburg worden aan dit koninkrijk toegevoegd. Voortaan is Nederland een monarchie met een Oranjetelg als staatshoofd en Amsterdam als hoofdstad.

1830 België verklaart zich onafhankelijk. De tiendaagse veldtocht die volgt moet de Belgen weer in het gareel dwingen (p. 61). Tevergeefs, in 1839 gaan de twee landen uiteen. In hetzelfde jaar rijdt de eerste locomotief tussen Amsterdam en Haarlem. De trein zal spoedig het langzame trekschuitennetwerk vervangen.

1853 Herstel van de bisschoppelijke hiërarchie in Nederland. De katholieken krijgen meer bewegingsruimte en er worden veel nieuwe katholieke kerken gebouwd in Amsterdam (p. 157).

1876 Het Noordzeekanaal wordt gegraven waardoor de Amsterdamse haven een directe verbinding met de zee krijgt, geschikt voor grote stoomschepen. De industrialisering zet zich nu versneld door en het pas opgerichte Duitse keizerrijk wordt een belangrijke klant van de Nederlandse transportsector.

1886 Palingoproer in de Jordaan. De slechte woonomstandigheden in arbeiderswijken leiden tot meer aanhang voor het socialisme en oproer in de Jordaan (p. 108). Langzaam veroveren de arbeiders ook de politieke arena.

De Joodse socialist Henri Polak (p. 139) en partijleider Domela Nieuwenhuis (p. 108) spelen hierbij een sleutelrol.

1898 De achttienjarige Wilhelmina wordt koningin en zij maakt een rondrit door een elektrisch verlichte stad. Elektrische trams en auto's doen hun intrede.

1914 – 1918 De Eerste Wereldoorlog gaat aan Amsterdam en Nederland voorbij, maar in 1917 stijgen de prijzen van levensmiddelen zo fors dat veel bewoners honger lijden (p. 109).

1928 Als hoogtepunt van de onstuimige jaren twintig is Amsterdam gastheer van de Olympische Spelen, met 3.000 deelnemers uit 46 landen. Het Olympisch Stadion wordt gebouwd en Schiphol verandert van een hobbyclub in een commercieel vliegveld.

1933 – 1939 Jaren van crisis en werkloosheid. Van de diamantbewerkers is zelfs 70% werkloos. In het kader van werkverschaffing leggen werklozen het Amsterdamse Bos aan. De crisis leidt in 1934 tot oproer in de Jordaan (p. 109). Veel uit Duitsland gevluchte joden vestigen zich in de stad. Het nationaal-

socialisme krijgt ook in Amsterdam aanhang, maar de stad blijft vooral bekendstaan als een rood bolwerk.

1940 – 1945 Tweede Wereldoorlog. Amsterdam wordt bezet en het Bureau Statistiek vervaardigt in opdracht van de bezetter de beruchte 'stippenkaart': een kaart van Amsterdam waarop elke stip staat voor tien joden. In 1942 beginnen de deportaties van de joden. In 1943 sluiten de laatste joodse scholen en synagogen. Van de 80.000 joodse Amsterdammers overleven ongeveer 10.000 de oorlog. De laatste oorlogswinter loopt uit op een humanitaire ramp. Honger en vrieskou kosten vele bewoners het leven. Met de opmars van de Geallieerden wordt in Amsterdam ook de tactiek van de verschroeide aarde toegepast. De volledige haven wordt verwoest en Schiphol in brand gestoken.

1941 Naar aanleiding van de eerste razzia breekt uit solidariteit met het joodse volksdeel de Februaristaking uit (p. 113). De opstand wordt met geweld neergeslagen.

1945 Als eerbetoon aan de bevrijders worden drie lanen naar de overwinnaars genoemd: de Churchilllaan, de Rooseveltlaan en de Stalinlaan. De communisten winnen populariteit dankzij hun leidende rol bij het verzet, en krijgen bij de eerste naoorlogse verkiezingen 30% van de stemmen.

1956 Na de Russische inval in Hongarije is het gedaan met de sympathie voor de communisten. Een woedende menigte bestormt het hoofdkantoor van de CPN en gooit er alle ruiten in. De Stalinlaan wordt omgedoopt in Vrijheidslaan.

1966 Bij het huwelijk van kroonprinses Beatrix met Claus von Amsberg wordt de Gouden Koets belaagd door een rookbom en een witte kip. Beelden van de koets gehuld in rook gaan de wereld over. Het zijn de Provo's die voor deze verrassingen zorgen. Provo's verzetten zich tegen de consumptiemaatschappij en het grootkapitaal. Met ludieke acties worden de autoriteiten uitgedaagd (p. 69).

1970 De Kabouterpartij van Roel van Duijn roept de Oranje Vrijstaat uit als een links alternatief voor de consumptiemaatschappij. De Kabouters krijgen vijf zetels in de gemeenteraad. Hippies slapen op de Dam en in het Vondelpark (p. 160) en Amsterdam wordt een internationaal vermaard centrum van jongerencultuur.

1972 Voetbalclub Ajax wint alle prijzen die er te winnen zijn. Johan Cruijff wordt wereldvoetballer van het jaar. Het totaalvoetbal van Ajax vindt internationale navolging.

1975 De voormalige joodse wijk wordt gesloopt om ruimte te maken voor een metro, een nieuw stadhuis en een snelweg. Niet iedereen deelt het vooruitgangsdenken van de bestuurders. Op de Nieuwmarkt komt het tot rellen, waarbij voor het eerst zwaar gebarricadeerde huizen met geweld worden ontzet. Dankzij dit soort confrontaties wordt verdere afbraak van de binnenstad voorkomen.

1976 Het gedoogbeleid t.a.v. softdrugsgebruik wordt officieel. In de voorgaande jaren is het al oogluikend toegestaan.

1980 Op 30 april wordt Beatrix in de Nieuwe Kerk ingehuldigd als vorstin. In de stad vinden veldslagen plaats tussen ME en anarchisten (p. 93).

1984 De NDSM-werf gaat failliet (p. 203). De Zeedijk wordt het centrum van drugshandel en Amsterdam krijgt een reputatie als stad van junks en tasjesdieven. Veel bewoners houden de stad voor gezien en verhuizen naar Purmerend en Almere. Turken, Marokkanen, Surinamers, Antillianen en Afrikanen nemen hun plaatsen in (p. 87).

1992 Een Boeing 747 van El Al stort neer op een Bijlmerflat. Door de vele illegalen in dit stadsdeel bleef het aantal slachtoffers onduidelijk.

2001 Het eerste homohuwelijk ter wereld wordt voltrokken in het Amsterdamse stadhuis.

2004 Filmmaker Theo van Gogh wordt vermoord door een fundamentalistische moslim. Tolerantie en multiculturalisme zijn niet langer vanzelfsprekend en komen onder druk te staan (p. 88).

2008 Doordat in Amsterdam de allereerste transatlantische glasvezelkabel uit de grond komt, groeit de stad uit tot internetknooppunt van Europa. De Amsterdam Internet Exchange, de AMS-IX, wordt het belangrijkste internetknooppunt van Nederland en het grootste ter wereld.

1 | Veelzijdig Amsterdam

De eerste indruk van veel bezoekers die in Amsterdam aankomen kan nogal tegenvallen. Het gebied rond het Centraal Station, blinkt uit in chaos en ongezelligheid. Links, rechts en achter het station is water. Daartussen wringt zich een bonte massa naar een onbekend doel. Trams en bussen volgen er een onduidelijk parcours tussen de voetgangers en taxi's door. Onder de grond knaagt een nieuw aan te leggen metrotunnel aan de funderingen van de stad. Aan elke vrije centimeter zijn fietsen vastgeknoopt. De eerste straat die de achteloze bezoeker bereikt, is het Damrak, door veel Amsterdammers beschouwd als een lelijke omslag van een prachtig boek. Wie na zo'n eerste indruk meteen weer huiswaarts keert, zal geen juichend verslag uitbrengen over deze stad.

De tweede indruk maakt veel goed. Wie het Damrak heeft overleefd en de drukte achter zich laat, kan beginnen aan de echte kennismaking met Amsterdam. De stad laat zich het beste te voet verkennen. Het stratenplan is een uitdaging voor het richtinggevoel. De concentrische grachtengordel zorgt ervoor dat menig bezoeker de weg kwijtraakt. Een stadsplattegrond helpt, en Amsterdammers zijn altijd bereid u de weg te wijzen. Hét lokale vervoermiddel is natuurlijk de fiets, waarvan er meer zijn dan inwoners. Die zijn op verschillende plekken te huur, maar kaartlezen op een fiets in een drukke stad valt niet mee. En fietsende toeristen die uitsluitend naar de gevels kijken, zijn in Amsterdam een bekende ergernis.

Cultureel Amsterdam

Er zijn genoeg redenen om Amsterdam te bezoeken. De vele musea, het uitgebreide cultuuraanbod, de cultuurhistorie, de oude binnenstad – noem maar op. De grachtenrondvaart is, na de Eiffeltoren, de populairste

toeristische attractie van Europa. Zeven procent van de bezoekers geeft aan dat de coffeeshop ook tot de attracties behoort. Hieronder volgt een overzicht wat Amsterdam de 'bewuste bezoeker' zoal te bieden heeft.

Monumenten

Amsterdam telt 6.826 (1990) monumenten, een record in Europa. Dat komt ook doordat de Nederlandse monumentenzorg vrij makkelijk de monumentenstatus toekent. In ieder geval heeft het ervoor gezorgd dat de binnenstad van Amsterdam voor het nageslacht behouden blijft, want aan de gevel van een monument mag niet zomaar gesleuteld worden. Aan de grachten is volop Hollandse renaissance, barok en classicisme te zien. Omdat het vroeger gebruikelijk was de

gevel aan de heersende mode aan te passen, zijn er heel wat trapgevels uit de Hollandse renaissance verbouwd tot de bekende hals- of klokgevels met barokke stijlelementen. Ook werden veel panden opgehoogd door er een verdieping aan toe te voegen. Bij latere restauraties – met het doel een pand in originele staat terug te brengen – roept dit soms de discussie op wélke originele staat er wordt bedoeld. De Oude Kerk (p. 48), en de Waag (p. 51) zijn de belangrijkste monumenten uit de middeleeuwen. Het Paleis op de Dam is het bekendste voorbeeld van het Hollands Classicisme in Nederland (p. 57). In de achttiende en begin negentiende eeuw werd in Amsterdam weinig gebouwd. Aan het eind van de negentiende eeuw worden allerlei neostijlen populair. Pierre Cuypers bouwt het

Prachtige negentiende-eeuwse panden aan de Weesperzijde.

Het 'Schip' van architect Michiel de Klerk herbergt ook het Amsterdamse School Museum.

Centraal Station (p. 43) en het Rijksmuseum (p. 167). Bijzonder is de Amsterdamse School stijl [ca. 1910-1930], een bouwstijl met veel kunstig metsel- en smeedwerk en aandacht voor detail. De stroming werd een voorloper van de Bauhaus stijl en het Nieuwe Bouwen. Hoogtepunten van de Amsterdamse School zijn het Scheepvaarthuis [1916] van Jan van der Mey (p. 177), en het 'Schip' van Michiel de Klerk in de Spaarndammerbuurt aan de Zaanstraat, dat tevens fungeert als Amsterdamse School-museum. H.P. Berlage is de enige architect met een eigen standbeeld in Amsterdam. Hij werd geïnspireerd door de Italiaanse renaissance, door het socialisme en communisme en door architecten als Frank Lloyd Wright. Het ontwerp van Plan Zuid, nu o.a. de Rivierenbuurt, is van zijn hand. Dank-

zij de Beurs van Berlage [1902] (p. 45), kreeg Amsterdam weer internationale aandacht van architectuurkenners. Ook de Bazel aan de Vijzelstraat (p. 121 en 212) is een beschouwing waard.

Moderne architectuur

Op het gebied van moderne en post-moderne architectuur maakte Amsterdam lange tijd weinig indruk. Daar kwam in de jaren negentig verandering in. Het Java- en KNSM-eiland zijn om die reden een bezoek waard, evenals de Oostelijke eilanden. Dit voormalige havengebied werd tot een bijzondere woonwijk getransformeerd. De grachten die het Java-eiland doorkruisen zijn een postmodern commentaar op de historische binnenstad (p. 186). Aan de Zuidas en in de Bijlmer verrezen tegelijkertijd opvallende kantoorpanden waarvan het schoenvormige ING House bekend is. Op loopafstand van het Centraal Station bevindt zich ook interessante nieuwbouw: de Oosterdoksstraat met o.a. de nieuwe bibliotheek van Amsterdam. Verderop in het Oosterdok vind u het populaire wetenschapsmuseum NEMO, gebouwd door Renzo Piano (p. 182), en ARCAM, het architectuur centrum van Amsterdam. Zij hebben uitgebreide informatie over de architectuur van Amsterdam. Zie www.arcam.nl.

Musea

Nederland heeft de hoogste museumdichtheid per hoofd van de bevolking ter wereld. Kennelijk zijn we een behoudzuchtig volk en gooien we niets weg. De bekendste van die musea staan in Amsterdam. Het Rijks-, Stedelijk- en Van Goghmuseum (p. 164) en het

Rembrandthuis (p. 143) presenteren beroemde kunstcollecties. Het Tropenmuseum, de Hortus Botanicus (p. 141) en het Scheepvaartmuseum (p. 181) zijn ook internationaal bekend. Het Joods en het Amster-

Het trappenhuis van het Vakbondsmuseum.

dams Historisch Museum (p. 66 en 133) hebben een bijzondere vaste collectie en regelmatig wisselende tentoonstellingen. Veel musea zijn alleen al vanwege het gebouw de moeite waard, zoals 'Ons' Lieve Heer op Solder' (p. 47) en het Vakbondsmuseum (p. 139). Het nieuwste museum is de Hermitage Amsterdam, een dependance van het beroemde Russische museum, gevestigd in het zeventiende-eeuwse Amstelhof aan de Amstel. Op het gebied van fotografie valt er ook veel te ontdekken in Amsterdam: zoals FOAM en het Huis Marseille. Zelfs voor geïnteresseerden in tassen, pianola's of brillen zijn er speciale musea. Voor alle 67 musea zie: www.amsterdammuseums.nl.

Theaters

Sinds de *Gijsbrecht van Aemstel* van Joost van den Vondel [1638] is Amsterdam dé theaterstad van Nederland. De bekende theaters bevinden zich rond het Leidseplein, maar de echte theaterstraat is de Nes (p. 55). Aandacht voor niet-westerse culturen vindt men bij: Akhnaton, Cosmic Theater en Tropentheater. Cabaret en stand-up comedy is, zowel Nederlands- als Engelstalig, ruim vertegenwoordigd: Boom Chicago, Toomler, de Kleine Komedie en het Comedy theater. Mooie zalen met karakter en pluche vindt u bij Theater Carré en de Stadsschouwburg (p. 155). In de openlucht zijn er 's zomers voorstellingen in het Vondelparktheater en het Amsterdamse Bos. Als u liever zelf het nieuwste talent wilt ontdekken – voordat iemand anders het doet – ga dan naar de 'Open bak' in theater De Engelenbak. Op deze avonden is alles mogelijk en veel inmiddels bekende artiesten, beleefden hier hun podiumdebuut.

Affiche van het Rozentheater aan de Rozengracht.

Ook op straat kan men spontaan live muziek aantreffen zoals deze mobiele band bij Brouwerij het IJ.

Muziek

Liefhebbers van jazz, klassiek, pop of wereld-muziek hebben in Amsterdam een ruime keuze. Het Concertgebouw (p. 172) met zijn wereldvermaarde akoestiek, het nieuwe BIM-huis aan het IJ (p. 186), de Paradiso en de Melkweg (p. 155) zijn de bekendste locaties. Een vrij willekeurige greep uit het aanbod van podia met een bijzondere programmering die minder bekend zijn bij het grote publiek: De Badkuyp, Bitterzoet, Café Alto, Casablanca, De Nieuwe Anita, Studio K, Sugarfactory, de Westergasfabriek en Zaal 100.

Ballet en Moderne Dans

Het Nationaal Ballet is gevestigd in het enige theater dat in een stadhuis is gebouwd: het Muziektheater in de Stopera. Van achter de glazen pui heeft men een prachtig uitzicht over de Amstel. Vrijwel jaarlijks voert Het Nationaal Ballet de klassieker *De Notenkraker* op, geënsceneerd rond de Amsterdamse grachten. Het Julidans Festival richt de blik op de actualiteit en de toekomst van het danstheater. Julidans toont werk van zowel bekende choreografen als aanstormend talent: voorwaarde is dat de voorstelling bij-zonder of spraakmakend is. Het speelt zich af in de zalen rondom het Leidseplein.

Film

Amsterdam is het decor voor verschillende filmfestivals. De bekendste zijn het Interna-tionale Documentaire Film Festival (IDFA) en het Amsterdam Fantastic Film Festival. Maar er is ook een boeddhistisch en een joods filmfestival. Het 'Movies That Matter' festival van Amnesty International vindt ook in Amsterdam plaats. Amsterdam kent een aantal prachtige oude filmzalen zoals het Theater Tuschinski (p. 73), The Movies en het Filmmuseum in het Vondelpark. Het Filmmuseum heeft nieuwbouwplannen en verhuist medio 2011 naar een spectaculair gebouw in Amsterdam-Noord. Het Filmmuseum conserveert niet alleen oude films maar vertoont ze ook. Regelmatig presenteren ze een retrospectief rondom een bekende acteur of regisseur uit het verleden.

Festivals

De jaarlijkse Uitmarkt, de Gay Pride en de Koninginnedagfeesten trekken veel bezoekers naar Amsterdam, hoewel anderen die feestelijkheden juist vermijden. Het Holland Festival vindt elk voorjaar plaats op diverse

De jaren zestig zijn nog lang niet voorbij op het Landjuweel festival in Ruigoord.

podia, traditiegetrouw met een paar wereldpremières. De programmering omvat opera, muziektheater, toneel en beeldende kunst vanuit de hele wereld. Het Amsterdam Roots Festival, in juli, is een toonaangevend internationaal wereldmuziekfestival en vind meestal plaats in het Oosterpark. Een uniek multicultureel evenement is het WK van Amsterdam (p. 37). Bijzonder is ook het Landjuweel festival in Ruigoord. Dit ligt bui-

Verstopte grachten tijdens Koninginnedag.

ten de stad in het westelijk havengebied. Ruigoord is al sinds de jaren zeventig een vrijplaats voor hippies en wietkwekers. Het jaarlijkse Landjuweel festival is een evenement waar de jaren zestig opnieuw tot leven komen. Het Over het IJ Festival speelt zich af op de voormalige NDSM-werf in Amsterdam-Noord. Bij dit theaterfestival heeft het decor een belangrijke rol: de vergane glorie van de enorme scheepswerven op het NSDM-terrein (p. 203). Een (niet volledig) overzicht van de Amsterdamse festivals staat op www.amsterdamfestivals.nl.

Het Volkskrantgebouw aan Wibautstraat 150 wordt tegenwoordig bevolkt door vrijbuiters en creatieven.

Broedplaatsen

Broedplaatsen zijn al dan niet voormalige kraakpanden waar op commercieloze wijze spontane cultuur ontstaat, zoals ateliers, een restaurant, filmzaal of theater. De stad kent zelfs een 'kraakbioscoop' en een 'kraaksauna'. Veel van deze plaatsen zijn later doorgeschoven en regulier cultuurpodium geworden. De gemeente Amsterdam heeft een speciaal 'broedplaatsenbeleid' omdat men inmiddels het belang van deze alternatieve cultuursector inziet en om de plekken

enigszins te beschermen. De locaties zijn vaak tijdelijk van aard. Sommige zijn inmiddels een begrip geworden, waaronder de Filmacademie (Overtoom 301), de Binnenpret (Amstelveenseweg 134) en het Volkskrantgebouw (Wibautstraat 150). Het actuele aanbod staat op www.vrijeruimte.nl.

Winkels en markten

Amsterdam trekt dagelijks drommen dagjesmensen die met slechts één doel naar de hoofdstad komen: shoppen. De grootste toeloop hebben Damrak, Nieuwendijk en Kalverstraat. Wie niet van mensenmassa's houdt, doet er goed aan deze straten tijdens openingstijden te mijden. Hier treft men vooral de grote winkelketens die ook elders te vinden zijn. De P.C. Hooftstraat (p. 162) is de top-end winkelstraat, voor mensen met een grote beurs. Hier kan men vooral goed terecht om gezien te worden, of om anderen te zien. Voor een leuke ontdekkingstocht langs interessante winkeltjes zonder fastfood-walm of SUV's zijn de Negen Straatjes een aanrader. Deze bevinden zich in de grachtengordel. Zie www.de9straatjes.nl. Ook de Haarlemmerstraat en de Rozengracht zijn een leuk alternatief met een interessant aanbod. De Spiegelstraat herbergt veel antiek en kunst. Maar vooral de vele dagmarkten van Amsterdam zijn een ontdekkingstocht waard. Het Waterlooplein (p. 132) en de Albert Cuyp-markt (p. 171) zijn nationaal bekend. Minder bekend is de boekenmarkt in de Oudemanhuispoort (p. 71), de Jordaanse Noordermarkt op maandag, de Ten Cate- of Dappermarkt in negentiendeeeuwse volksbuurten en de tropische markt

Tweedehands spullen bij Chique de Friemel aan de Haarlemmerstraat.

op het Anton de Komplein in Zuid-Oost. Zie voor een volledige lijst met openingstijden: www.hollandsemarkten.nl.

Multicultureel Amsterdam

Amsterdam is een *global village*, een stad die men in anderhalf uur per fiets kan doorkruisen en waar tegelijkertijd mensen uit de hele wereld wonen. Uit cijfers van de gemeente blijkt dat de stad 177 nationaliteiten telt [2007]. Daarmee is Amsterdam de meest diverse stad ter wereld, gevolgd door Antwerpen (164 nationaliteiten) en New York (ongeveer 150). Wereldwijd zijn 200 nationaliteiten geregistreerd.

Deze smeltkroes levert Amsterdam niet alleen een kleurrijk straatbeeld op: het vereist van de bewoners een tolerante houding en een flinke portie flexibiliteit. Het zorgt ervoor dat Amsterdammers nergens meer van opkijken, zodat een ontspannen sfeer ontstaat waarin bezoekers zich thuis kunnen voelen. De meeste bewoners waren namelijk zelf ook ooit bezoekers, of anders hun ouders wel. Veel bekende, historische figuren die als Amsterdammer worden beschouwd, zijn in werkelijkheid elders geboren en kwamen pas later in Amsterdam terecht. Joost van den Vondel werd geboren in Keulen, Rembrandt van Rijn in Leiden en Anne Frank in Frankfurt am Main. Amsterdam bood en biedt veel nieuwkomers vrijheid, een inkomen en bestaansrecht. Amsterdammers staan bekend als behulpzaam als het gaat om toeristen de weg te wijzen. Misschien wel doordat de meesten zich nog kunnen herinneren hoe ze ooit zelf volledig verloren op het Damrak stonden.

Al sinds de zestiende eeuw is Amsterdam een migrantenstad. Vlamingen en Brabanders kwamen in groten getale naar de stad en drukten hun stempel op de cultuur. In de zeventiende eeuw volgden immigranten uit alle delen van Europa, van Armenië tot Portugal. Vanaf de twintigste eeuw vonden ook niet-westerse allochtonen hun weg naar Amsterdam, Chinezen vanaf 1900 en Indonesiërs na 1948. Turkse en Marokkaanse gastarbeiders, Surinamers en Antillianen volgden vanaf de jaren zeventig. De meest voorkomende buitenlandse nationaliteiten in Amsterdam zijn Marokkaans (64.588), Turks

De Taibah moskee in Amsterdam Zuid-Oost.

(37.421), Brits (10.244), Duits (6.670) en Surinaams (5.609), volgens cijfers uit 2007. Opvallend is dat er in deze telling meer

27

Duitsers dan Surinamers zijn, maar het zijn dan ook de paspoorten die tellen. Nederlanders blijven voorlopig in de meerderheid met 532.548 op een totaal van 743.104 Amsterdammers. 258.494 inwoners zijn van niet-westerse afkomst. Ongeveer 30% van de Amsterdamse bevolking is islamitisch.

Joods Amsterdam
(zie ook hoofdstuk 7)

Geen cultuur heeft zoveel invloed gehad op Amsterdam als de joodse. Het Amsterdamse taalgebruik kent nog steeds veel uitdrukkingen die rechtstreeks zijn ontleend aan het Jiddisch. Amsterdamse uitjes en andere groenten in zuur zijn ontleend aan de recepten van joden uit Polen en Duitsland. De oorspronkelijke jodenbuurt van Amsterdam bevond zich rond het Waterlooplein. De oorlog maakte hier een einde aan. Momenteel wonen er ongeveer 20.000 joden in Amsterdam, voornamelijk in Amsterdam-Zuid, Buitenveldert en Amstelveen. De orthodoxe gemeenschap is veel kleiner, maar nog springlevend.

Dat blijkt wel uit het feit dat Amsterdam sinds maart 2008 weer over sabbatsgrenzen beschikt. Deze grenzen zijn bedoeld om de orthodoxen op de sabbat meer bewegingsvrijheid te geven. Volgens de joodse wet mag men op de sabbat buitenshuis niets dragen, zelfs geen huissleutels. Dat betekent in de praktijk dat orthodoxen op zaterdag hun huis niet uit kunnen. Door een denkbeeldige grens om Amsterdam te trekken mag echter de stad als huis worden gedefinieerd. Het gebied binnen die grens heet een *eroev*. De huidige grens wordt gevormd door waterwegen. Voorwaarde voor een rabbinaal goedgekeurde *eroev* is dat het gebied ook

Discussie in de joodse bibliotheek Ets Haim.

afgesloten kan worden (zie ook p. 135).
Er zijn nog meer uitingen van joodse religie
en cultuur in Amsterdam, zoals de diamant-
handel, het Joods Historisch Museum of de
energieke muziek van de Amsterdam
Klezmer Band. Kosher eten kan men ook in
Amsterdam, zoals bij de broodjeszaak van
Sal Meijer in de Scheldestraat. Zie voor een
actuele culturele agenda de website van het
Nieuw Israëlitisch Weekblad, het oudste
nog bestaande weekblad van Nederland:
www.niw.nl, of kijk op www.joodsamster-
dam.nl.

Chinees Amsterdam

De eerste niet-westerse allochtonen in
Amsterdam waren Chinezen. Rond 1900 werden zij als goedkope arbeidskrachten ingezet
in de haven, vooral als stokers. In hun kielzog
kwamen Chinese handelaren en ontstond

*Op de verjaardag van Boeddha verandert de Nieuw-
markt in een tempelplein.*

rond de Nieuwmarkt en Geldersekade het
begin van Chinatown. Het hoogtepunt van
Chinatown is de boeddhistische tempel en
klooster Fo Guang Shen (p. 50). Een bezoek
aan de supermarkt Oriental Co. aan de

Chinese uithangborden aan de Geldersekade.

Nieuwmarkt 27 of het warenhuis Toko Dun
Yong, Geldersekade 102, geeft je het gevoel
Azië binnen te stappen. Alles is er verkrijgbaar, van traditionele zwaarden tot exotische
groenten en kookgerei.

Bij veel restaurants In Chinatown kan men
het echte China proeven, wat je over de rest
van Nederland vaak niet kunt zeggen: daar
hebben Chinese koks hun keuken aangepast
aan de Nederlandse verwachtingen, gekleurd
door het koloniale verleden. Saté is bijvoorbeeld een Indonesisch gerecht, onbekend in
China. Hetzelfde geldt voor de traditie van de
populaire 'rijsttafel'. De Chinese gemeenschap staat bekend als in zichzelf gekeerd;
eventuele problemen worden vaak intern
opgelost. In de jaren zeventig ontstonden
Chinese misdaadsyndicaten (triades) in

Amsterdam. De Zeedijk werd het centrum van Chinese heroïne- en opiumhandel, waar de politie maar moeilijk greep op kon krijgen. Verschillende triades bevochten elkaar op leven en dood. Die problemen lijken voorgoed voorbij te zijn.

De Chinese zonnekalender bestaat uit 24 'maanden' met namen als Yu Shui (altijd regen) en Hsao Han (frisjes). Volgens die kalender valt Nieuwjaar op 4 of 5 februari, een evenement dat luidruchtig wordt gevierd op de Nieuwmarkt. Ook in andere festiviteiten komt de Chinese cultuur van Amsterdam tot uiting, zoals in het Boeddhistisch Filmfestival en in de kleurrijke processies rond 20 mei ter ere van Boeddha's verjaardag. Zie verder: www.geledraak.nl en www.chinesecultuur.nl.

Marokkaans Amsterdam

In sommige Amsterdamse buurten, zoals Bos en Lommer, Slotervaart of de Indische buurt waan je je in een andere wereld. Marokkaanse mannen met djellaba's en vrouwen met hoofddoeken bepalen er het straatbeeld. De eerste Marokkanen kwamen naar Nederland op uitnodiging van de overheid. Net als de Turken werden ze actief geworven om het tekort aan ongeschoolde arbeid aan te vullen. Men richtte zich specifiek op ongeschoolde, ongetrouwde Berbers uit het Rifgebergte. Marokkanen die Frans spraken vielen bij de selectie af. Economisch bleef het Rifgebied achter bij de rest van Marokko en het had de naam zich anti-autoritair op te stellen tegenover het centrale Marokkaanse gezag. Die houding zien we nog steeds bij veel Marokkaans-Nederlandse jongeren.

Het idee van gastarbeid was gebaseerd op de veronderstelling dat migranten in korte tijd veel geld konden verdienen om daarna terug te keren naar hun vaderland. In werkelijkheid besloot het grootste deel hier permanent te blijven. Hun werkgevers drongen bij de overheid aan op de mogelijkheid tot gezinshereniging om het moreel, en daarmee de productiviteit, van de arbeiders te verhogen. Eenmaal verenigd met vrouw en kinderen was er voor de Marokkanen nog minder reden om terug te gaan, zelfs toen velen werkloos werden door de sluiting van fabrieken. Marokkaanse Nederlanders spreken Arabisch of Berbers en zijn voornamelijk soennitisch islamitisch.

Inmiddels groeit de tweede en derde generatie Marokkanen in Amsterdam op en vormen ze de grootste allochtone minderheid van Amsterdam. Marokkanen worstelen met de problemen van een leven in twee totaal verschillende culturen, die qua godsdienst en tradities onverenigbaar lijken (zie ook p. 87). Jongeren, vooral jongens, vinden vaak weinig aansluiting met de Nederlandse samenleving. De Amsterdamse vrijheid t.o.v. homo's wordt door islamitische minderheden zelden gedeeld.

Ondanks deze problemen leveren Marokkanen een belangrijke bijdrage aan de Nederlandse samenleving en cultuur. Bijna iedereen kent schrijvers als Mohammed Benzakour en Hafid Bouazza, muzikanten als Raymtzer en Ali B en voetballers als Khalid Boulahrouz en Ibrahim Affelay. Verse muntthee wordt tegenwoordig in vrijwel alle Amsterdamse cafés geserveerd. Straten met veel Marokkaanse cultuur zijn o.a. de Javastraat, de Dapperstraat en de Ten Katestraat. In de Zaanstraat zit een Oosters badhuis, gerund door Marokkanen. Deze *hamam* is alleen toegankelijk voor vrouwen. El Hizjra (Singel 300) biedt een overzicht van Arabische en islamitische activiteiten. Zie ook: www.maroc.nl en www.elhizjra.nl.

Turks Amsterdam

'Liever Turks dan Paaps'. Dit motto stamt uit de zeventiende eeuw toen de paus de katholieke wereld opriep ten strijde te trekken tegen de Ottomanen. De Nederlandse band met Turkije gaat ver terug. Twee typisch Amsterdamse iconen, het café en de tulp, zijn van Turkse origine. De tulp werd eind zestiende eeuw geïntroduceerd in Holland en zorgde rond 1637 voor een ware 'tulpenmanie'. Koffie is een Arabisch product. In Istanbul verschenen de allereerste koffiehuizen. Via Venetië bereikte het fenomeen Amsterdam. Vanaf de achttiende eeuw staan Amsterdammers bekend als grootverbruikers van koffie en frequente cafébezoekers. Maar ook Turkse koffiehuizen zijn tegenwoordig in de stad te vinden.

Net als de Marokkanen trokken de eerste Turken in de jaren zestig en zeventig naar Amsterdam als gastarbeiders. De meesten van hen komen uit Anatolië, het platteland van Oost-Turkije, en zijn islamitisch. Na de militaire coup in 1980 vluchtten veel linksintellectuele en politiek geïnteresseerde Turken naar Nederland en vroegen asiel aan. Ze werden gevolgd door een grote aanwas van Koerden, een etnische minderheid in Turkije. Zowel Turken als Koerden zijn overwegend Soennieten, maar er bestaan ook minderheden zoals de Alevieten. Alevieten leggen de nadruk op verdraagzaamheid en gelijkwaardigheid. Zij hebben geen moskeeën. Van de islamitische nationaliteiten in Nederland zijn de Turken het best georganiseerd. Het grootste deel van de Turkse moskeeën in Amsterdam is aangesloten bij Diyanet (het Turkse Directoraat voor Godsdienstzaken, dat onder verantwoordelijkheid van de premier valt). Er zijn ook van de Turkse staat onafhankelijke islamitische organisaties, zoals Milli Görüş. De orthodoxe organisatie Milli Görüş heeft zich in het verleden regelmatig moeten verdedigen tegen beschuldigingen van moslimfundamentalisme.

De islamitische kalender schrijft verschillende feesten voor die zowel door Turken als Marokkanen gevierd worden, zoals het Suikerfeest aan het einde van de Ramadan, waarvoor veel scholen inmiddels vrij geven. Het Offerfeest gedenkt het begin van de jaarlijkse *hadji* (bedevaart) naar Mekka. De meeste islamitische feesten worden in besloten kring gevierd. Het populaire Turkse olieworstelen wordt ook in Amsterdam beoefend. In 2001 was Amsterdam zelfs de zetel van de Europese kampioenschappen van deze glibberige sport. Turks brood en

Turken vieren feest op het Mercatorplein na een Turkse voetbaloverwinning.

baklava zijn algemeen verkrijgbaar en Turkse slagers en bakkers zijn uit het Amsterdamse stadsbeeld niet meer weg te denken. Turkse cultuur kan men overal in de stad aantreffen bijvoorbeeld in de Pijp rond de Ferdinand Bolstraat, in Bos en Lommer rond de Burgemeester de Vlughtlaan, en in Oud West rond de Kinkerstraat en het Mercatorplein.

Surinaams Amsterdam

Amsterdam, ook wel 'Damsko' of 'Klein Paramaribo' genoemd, telt 70.000 mensen die van oorsprong uit Suriname komen. De meeste daarvan hebben de Nederlandse nationaliteit. Suriname was vanaf 1667 een Nederlandse slavenkolonie met vooral suikerplantages. De slaven werden uit West-Afrika gehaald, uit het tegenwoordige Ghana. Toen

Suriname in 1975 onafhankelijk werd, kwamen veel Surinamers naar Amsterdam. Het waren er zoveel dat er extra vluchten werden ingezet, een lijndienst die al gauw de 'Bijlmerexpress' ging heten.

De Bijlmer is een groots opgezette wijk in Amsterdam Zuid-Oost die werd gebouwd volgens de principes van de jaren zeventig met eentonige flatgebouwen en gescheiden verkeersstromen. Het stadsdeel ligt enigszins afgelegen en is per metro bereikbaar. De Bijlmer is door de bevolking van met name Surinamers, Antillianen, Ghanezen en Brazilianen uitgegroeid tot het tropische hart van Amsterdam.

Suriname is zelf ook al eeuwenlang een multiculturele smeltkroes. De bevolking stamt niet alleen af van Afrikaanse slaven. Na de afschaffing van de slavernij in 1863 werden voor de plantages contractarbeiders aangetrokken uit Brits- en Nederlands-Indië. Hierdoor mengde de Afrikaanse bevolking van Suriname zich met islamitische Javanen, Javaanse Chinezen en Indische hindoestanen. Dankzij deze laatste groep maakte Amsterdam kennis met het hindoeïsme. De Surinaamse Hindoes kennen geen kastensysteem. Het Indiase kastensysteem verloor haar betekenis in Suriname, waar iedere contractarbeider gelijk werd behandeld, ongeacht van welke kaste hij was. De hindoestaanse cultuur uit zich o.a. in kleurrijke bruiloftsfeesten, Bollywood-videotheken en een vijftal Hindoetempels. Het hindoeïstische Nieuwjaar (Divâli of Lichtfeest) duurt een maand en wordt in Amsterdam gevierd in oktober of november met een fakkeloptocht en allerlei evenementen.

Surinaamse dame op de Dappermarkt.

Amsterdam maakte ook kennis met de creoolse cultuur van Suriname. Deze heeft Afrikaanse wortels. In Amsterdam Zuid-Oost, tussen station Ganzenhoef en Kraaiennest, staat 'Aisa', de Surinaamse Moeder Aarde. Dit

Het standbeeld van godin Aisa, de Surinaamse Moeder Aarde.

beeld uit 1986 staat voor een bekende godheid uit de winticultuur. Winti is een vorm van voorouder-verering, met mondeling overgeleverde rituelen. Het woord betekent zowel 'wind' als 'geest'. Ook Surinaamse christenen doen aan winti. Door het ontbreken van een centrale religieuze tekst leent het zich voor uiteenlopende toepassingen. Veel Amsterdammers zijn bekend met de advertenties die spirituele media huis aan huis laten verspreiden als reclame voor hun praktijk. Daarin beloven zij geluk of de terugkeer van een geliefde met behulp van winti-rituelen.

De cultuur van Suriname kan het beste worden beleefd in de Bijlmer. Bijvoorbeeld op de tropische markt op het Anton de Komplein of

33

tijdens het uitbundige Kwakoe Festival (eind juli). De Supertoko in Winkelcentrum Reigersbos is een tropische belevenis. Surinaams-Indische eettentjes (Warungs genaamd) zijn overal in de stad te vinden. De Roti kip en het broodje Pom zijn geliefd volksvoedsel. De Surinaamse keuken is van oorsprong bedoeld als krachtvoer voor slavenarbeid en dus behoorlijk vet en zwaar.

In het Oosterpark staat het Nederlandse Slavernijmonument, als een erkenning van het Nederlandse slavernijverleden. Nabij het Oosterpark bevindt zich het Tropenmuseum en ook het NiNsee, het Nationaal Instituut Nederlands Slavernij verleden en erfenis. Beiden hebben veel informatie over Suriname en de koloniale geschiedenis in het algemeen.

Pappa de Kom
De activist, communist en verzetsstrijder Anton de Kom [1898-1945] wordt door veel Surinamers beschouwd als een soort 'Vader des Vaderlands'. Herdenkingen rond zijn persoon roepen nog altijd veel emoties op, zoals in 2006 bleek bij de onthulling van zijn standbeeld. Anton de Koms vader was nog als slaaf geboren. Zijn naam is een omkering van de naam van de slaveneigenaar, Mok geheten. Anton de Kom behaalde een Mulodiploma in Suriname – op zich al een hele prestatie in die tijd – en kwam in 1922 naar Nederland. Hij werkte als vertegenwoordiger van koffie, thee en tabak en werd actief in linkse, nationalistische organisaties van Indische studenten. Vanwege zijn linkse ideeën werd hij in 1932 ontslagen.
In 1933 keerde hij, met zijn gezin, terug naar Suriname. De bevolking onthaalde hem als bevrijder. Hij bewees dat Surinamers zich, ondanks racisme en kolonialisme, konden ontwikkelen en bevrijden. De Javaanse bevolking van Suriname zag hem als een haast goddelijke figuur, die hun terugkeer naar Java kon bewerkstelligen. Niet lang daarna werd hij door de Nederlandse koloniale autoriteiten gearresteerd; zij beschouwden hem als staatsgevaarlijk. Zijn aanhangers eisten zijn vrijlating en de politie opende het vuur op de menigte, waarbij twee doden vielen.
De Kom werd op de boot naar Nederland gezet, waar hij minder schade kon aanrichten. Daar schreef hij aan zijn boek *Wij slaven van Suriname*. In 1940 sloot hij zich aan bij het communistische verzet. Vier jaar later werd hij gearresteerd. Hij kwam terecht in Sachsenhausen, waar hij moest werken voor de Heinkel-fabriek. Zo eindigde de zoon van de vrijgelaten slaaf zijn leven als slaaf van de nazi's. In april 1945 stierf hij aan tuberculose, nabij concentratiekamp Neuengamme. Postuum werd hem in 1982 het Verzetsherdenkingskruis toegekend.
In april 2006 werd in Amsterdam Zuid-Oost op het Anton de Komplein zijn standbeeld onthuld. Hij wordt er afgebeeld met ontbloot bovenlichaam. Enkele tientallen boze

Surinamers probeerden de onthulling te voorkomen, en bedekten het beeld na onthulling met een Surinaamse vlag. 'Anton de Kom moet op een waardige manier herdacht worden. We willen een aangekleed beeld, we zijn geen slaven meer,' vonden zij.

Antilliaans Amsterdam

In de Caribische zee liggen zes eilanden die we samen de Nederlandse Antillen en Aruba noemen. Alle zes hebben ze een lange relatie met Nederland, vooral Curaçao. Curaçao werd in 1634 door de West-Indische Compagnie op de Spanjaarden veroverd en was vanaf 1665 hét knooppunt van de slavenhandel in de regio. Antillianen zijn van Afrikaanse origine. Begin twintigste eeuw vestigde Shell er een raffinaderij voor ruwe olie uit Venezuela en kwamen de eilanden tot ontwikkeling. Toen Shell en Exxon zich na de oliecrisis in de jaren tachtig uit Curaçao terugtrokken kwam er grote werkeloosheid

en werd Nederland steeds aantrekkelijker. Misdaad en wangedrag hebben de Antillianen in Nederland een slechte reputatie bezorgd. De grootste gemeenschap van Antillianen bevindt zich in de Bijlmer. Antillianen zijn overwegend katholiek, in tegenstelling tot Surinamers. De katholieke en de protestantse kerken in Nederland hebben samen onderling de koloniën verdeeld. Protestanten mochten in Suriname missiewerk doen en katholieken op de Antillen. De katholieke missionarissen waren daarin veel succesvoller dan hun protestante collega's in Suriname. Op de Antillen wordt Papiaments gesproken, een mengelmoes van Engels,

Het Kwakoe-festival in Amsterdam Zuid-Oost.

Spaans en Portugees. Antillianen houden van muziek en honkbal.

Afrikaans Amsterdam

Veel Amsterdammers beseffen niet hoeveel Afrikanen er in Amsterdam wonen. Dat bleek tijdens de Bijlmerramp in 1992, waarbij een Boeing 747 van El Al neerstortte op een Bijlmerflat. Door de mediabelangstelling die daarop volgde werd opeens een heel volksdeel zichtbaar, met name hun rouwrituelen. De meeste Afrikanen in Amsterdam Zuid-Oost zijn hier nog maar kort en om verschillende redenen. Sommigen zijn economische vluchteling, anderen op de vlucht voor oorlog. De Ghanezen zijn de grootste groep. In Ghana stond het Nederlandse slavenfort Elmina. In 1874 werd het land een Britse kolonie. Ghanezen zijn christenen. Dankzij een netwerk van kerken weten zij hun cul-

tuur te behouden. De kerken hebben ook een praktische en materiële functie. Er wordt informatie over werk en psychische hulp geboden. Amsterdam kent meer dan dertig van zulke kerkgemeenschappen met namen als 'Global Revival Outreach Church' en 'Resuraction Power Evangelic Ministeries'. De kerken dienen soms ook als schuilkerk voor illegale Ghanezen. Door ruimtegebrek komen

Het Slavernijmonument werd in 2002 onthuld in het Oosterpark.

gelovigen zelfs bijeen in provisorische ruimten zoals garageboxen.

Maar bijna heel Afrika is vertegenwoordigd in de Bijlmer. Andere grote groepen zijn de Ethiopiërs, Somaliërs en Nigerianen. Afrikaanse restaurants serveren vooral de Ethiopische keuken, die verwant is aan de Indiase. O.a. in de Dapperstraat bevinden zich verschillende Ghanese winkeltjes.

Het WK van Amsterdam

Dat de lijst van nationaliteiten en allochtone gemeenschappen in Amsterdam nog veel langer is dan hier genoemd blijkt wel uit het programma van 'het WK van Amsterdam'. Dit festival combineert een multicultureel feest van dans en muziek met de verbroedering van voetbal. In 2001 werd voor het eerst gevoetbald om de titel 'Wereldkampioen van

Amsterdam'. Acht landenteams speelden tegen elkaar in de sporthallen van Zeeburg. Dit is uitgegroeid tot een evenement waarbij 32 landen het tegen elkaar opnemen, van Afghanistan en Senegal tot Portugal en Peru. Sinds een paar jaar nemen ook vrouwenteams deel en is het een tweedaags toernooi waar in 2009 zo'n 30.000 mensen op af kwamen. Bijzonder is de geweldige sfeer en de bonte mix van nationaliteiten. Het WK vindt plaats in sportpark Middenmeer, het oude clubterrein van Ajax, in het eerste weekend van juni. In 2009 werd Suriname wereldkampioen van Amsterdam. Bij de vrouwen veroverde Kaapverdië deze titel. Zie www.wkamsterdam.nl.

Suriname, de wereldkampioen van Amsterdam 2008, én 2009.

Amsterdam in 1544

Deze gedetailleerde vogel-vluchtkaart van Cornelis Anthonisz uit 1544 geeft een goed beeld van Amsterdam in de middeleeuwen. De stad werd omsloten door het Singel, de Kloveniersburgwal en het IJ. Hetzelfde gebied kennen we nu als de binnenstad.

1. Dam (p. 56)
2. Sint-Olofspoort (p. 46)
3. Schreierstoren (p. 177)
4. Montelbaanstoren (p. 179)
5. Waag (p. 51)
6. Toren 'Swyg Utregt' (p. 72)
7. Munttoren (p. 73)
8. De Heilige Stede (p. 63)
9. Jan Roodenpoortstoren (p. 94)
10. Centraal Station (p. 43)

2 | **Tolerante stad**
de binnenstad

Met de binnenstad wordt het middeleeuwse deel van stadsdeel centrum bedoeld. Op de kaart van Cornelis Anthonisz uit 1544 wordt duidelijk hoe klein dit gebied is. Het Damrak deelt de binnenstad in tweeën: vanaf het Centraal Station gezien ligt links de Oude zijde en rechts de Nieuwe zijde. Deze benamingen hebben geen chronologische betekenis, want beide zijden ontstonden ongeveer tegelijkertijd. De namen Oude zijde en Nieuwe zijde slaan op de parochies van de Oude Kerk (de eerste kerk) en de Nieu-

we kerk (die er later bij kwam). Ter bescherming van de middeleeuwse stad werden aan beide zijden grachten gegraven met daarachter een burgwal, een aarden wal, voorzien van een houten palissade. Omstreeks 1385 werden buiten deze wallen nieuwe wallen aangelegd. Zo ontstonden de twee wallen aan beide zijden; de Oudezijds Voor- en Achterburgwal (nu aangeduid als 'de Wallen') en de Nieuwezijds Voor- en Achterburgwal (nu Spuistraat).

De Wallen zijn het meest roemruchte deel van de binnenstad. 'Is this the way to the red light district?' is waarschijnlijk een van de meest gestelde vragen in Amsterdam. Maar de rosse buurt is maar een klein deel van de binnenstad en behalve rode lampen is er nog veel meer te zien. In het hart van Amsterdam proeft men nog steeds de sfeer van de zeelui, kooplui en bestuurders die de stad in voorbije eeuwen vorm gaven. Twee wandelingen in dit hoofdstuk voeren u langs

onder meer Chinatown, de Oude Kerk, de Dam en het Begijnhof.

Oude Zijde en Wallen

(3 km, ± 2 uur). Aanbevolen tijd: 's Ochtends voor 11:30.

Een wandeling door de binnenstad is een goede eerste kennismaking met Amsterdam. De ontwik-
keling van Amsterdam – van modderige nederzetting tot internationaal vermaarde koopstad –
heeft helemaal in dit kleine gebied plaatsgevonden. In deze wandeling vindt u veel hoogtepunten
uit de ontstaansgeschiedenis van de stad, zoals de Oude Kerk, de Dam en de Waag.

Centraal Station

❶ Het Centraal Station is een goede plek
om een ontdekkingstocht door Amsterdam te
beginnen. Niet alleen omdat de meeste
bezoekers hier aankomen, maar ook omdat
het gebouwd is recht voor de monding van
de Amstel in het IJ, de plek die die de eerste
Amsterdammers uitkozen om hun nederzetting te vestigen. Bij het VVV-kantoor tegenover het station heeft u een goed uitzicht op
het station. Het werd gebouwd in 1887 op
een nieuw aangelegd eiland in het IJ. Een
vreemde plek voor een station, maar het
voordeel is dat reizigers direct in het centrum
kunnen uitstappen, daar waar vroeger de reizigers per schip arriveerden. Op deze locatie
bevond zich de haven van Amsterdam. Tot
eind negentiende eeuw was hier een dagelijkse bedrijvigheid van ladende en lossende
schepen. Toen de schepen steeds groter werden was de rol van de Amstelmonding als
zeehaven uitgespeeld (p. 174).

Het station van architect Pierre Cuypers, die
ook het Rijksmuseum bouwde, vertoont
allerlei motieven die herinneren aan het zeil-
vaartverleden van deze locatie. De linker-

De wind is Zuid-Zuid-West.

torenklok bijvoorbeeld geeft niet de tijd aan,
maar de windrichting.

U heeft hier ook zicht op de rooms-katholieke
Nicolaaskerk, met de koepel en de twee
torens. Deze werd tegelijk met het Centraal
Station gebouwd. Het is de tweede kerk met
deze naam in Amsterdam. De eerste Nicolaaskerk (zie 9) werd in 1578 protestants en
heet sindsdien Oude Kerk. In de Nicolaaskerk
worden tegenwoordig ook misvieringen in
het Spaans gehouden voor de Spaanstalige
gemeenschap van Amsterdam.

Damrak, Victoria Hotel

2 Al tijdens de bouw van het Centraal Station werden er plannen ontwikkeld voor het Victoria Hotel [1890] op de hoek van het Damrak: een toplocatie vlakbij het nieuwe station. Het onteigenen van de panden die er stonden bleek erg kostbaar: de meeste huiseigenaren vroegen veel geld voor hun huis. Twee van hen – kleermaker Carstens en biertapper Verburgt – vroegen té veel, waarop de architect besloot het ontwerp aan te passen. Het hotel werd om de huizen heen gebouwd, zoals nog altijd te zien is. De koppige eigenaren liepen een bedrag van 46.000 gulden mis, waarvoor je in die tijd riant aan de gracht kon wonen.

Oudebrugsteeg

3 Achter de Beurs van Berlage hebt u uitzicht op de plek waar het allemaal begon: de monding van de Amstel in het IJ. Hier ont-

stond rond het jaar 1000 de nederzetting die zou uitgroeien tot Amsterdam.

Het Damrak was eeuwenlang het epicentrum van de Amsterdamse haven. Het water liep oorspronkelijk door tot aan de Dam. Een flink deel is inmiddels gedempt om plaats te maken voor de Bijenkorf [1915] en de Beurs van Berlage [1902].

Het Damrak was destijds een woud van scheepsmasten en de kade lag vol met tonnen en zakken. De wind rook naar zee, vis en pek en er was een dagelijkse bedrijvigheid van laden en lossen. Nu zijn er vooral grootscheepse bouwactiviteiten te zien, en rondvaartboten met busladingen vol toeristen. Hier moet de nieuwe metrolijn komen, die dwars door de oude binnenstad Noord met Zuid gaat verbinden. Van zeilschepen via stoomtreinen naar metro – deze plek blijft een infrastructurele knoop. Maar er zijn nog meer dingen onveranderd: een krijsende meeuw, het geklots van water tegen de boegen en het gelal van een dronken passant. Op de hoek van Beursstraat en Nieuwebrugsteeg zien we het monumentale Heffer Accijnshuis uit 1637. Toen het Damrak nog tot de Dam liep, moesten schepen hier aanleggen om aan de invoerrechten te voldoen. Boven de deuren aan de Nieuwebrugsteeg is het stadszegel (een koggeschip) en het stadswapen (de drie Andreaskruizen) te zien, geflankeerd door leeuwen.

De Beurs van Berlage, opgeleverd in 1902, geldt als de eerste uiting van moderne architectuur in Nederland. Het gebouw verraadt ook de politieke opvattingen van Berlage, die sympathiseerde met het socialisme en later met het communisme. Hij hoopte op een rechtvaardige maatschappij waarin de beurshandel op den duur afgeschaft zou worden. Bij zijn ontwerp hield hij er rekening mee dat de Beurs een andere (culturele) bestemming zou krijgen. Hij kreeg gelijk: het gebouw wordt inmiddels voor culturele doeleinden gebruikt. Maar niet omdat het kapitalisme werd afgeschaft. De beurshandel heeft zich verplaatst naar beeldschermen in kantoorpanden aan de Zuidas, of waar dan ook ter wereld. Maar nog altijd luidt op elke werk-

dag om 8.55 de klok van het beursgebouw, waarmee het begin van de beursdag werd aangekondigd.

Warmoesstraat

4 De Warmoesstraat was ooit een modderige dijk langs het Damrak. De naam verwijst naar de handel in groenten, denk aan het woord moestuin. In de middeleeuwen was het de duurste straat van Amsterdam. Voorname buitenlandse gasten die Amsterdam aandeden vonden er onderdak, zoals Willem van Oranje in 1580, nadat de stad zijn kant had gekozen, maar ook zijn opponent de hertog van Alva in 1572. Alva kwam naar Amsterdam om een vloot uit te rusten voor

Op de hoek Warmoesstraat-Nieuwenbrugsteeg kun je volgens de reclame tenen laten aanbreien.

een strafexpeditie tegen de Geuzen. De vloot werd verslagen op de Zuiderzee en Alva verliet heimelijk de stad. De rekening van de herberg heeft hij nooit betaald, die staat nog altijd open.
Nu wordt de Warmoesstraat trouwens weer bezocht door budgettravellers. Het is een paradijs voor backpackers geworden.

Coffeeshops, fastfood en jeugdherbergen wisselen er elkaar af.

Sint-Olofspoort

⑤ In dit smalle straatje met de vooroverhangende huizen bevond zich de oudste stadspoort van Amsterdam, de Sint-Olofspoort (zie kaart p. 38, 39). De poort werd genoemd naar een Noorse heilige, die in de

nabijgelegen Sint-Olofskapel werd aanbeden door Noorse zeelieden. Zoals de meeste stadspoorten werd ook deze poort als gevangenis gebruikt. In 1535 werden hier de Wederdopers opgesloten, een protestantse groepering die een staatsgreep probeerden te plegen. Na hun executie werden hun lichaamsdelen over de stadspoorten verdeeld om als afschrikwekkend voorbeeld te dienen (p. 76).

Herberg 'De oude Aep'

⑥ Aan het begin van de Zeedijk, op nummer 1, is een huis met een houten gevel te zien. Het behoort tot de oudste huizen van Amsterdam. Op de begane grond is café 't Aepjen gevestigd. Dit pand was in de zeventiende eeuw een herberg en stond bekend als 'Aepgen' of 'De oude Aep'. Hier vindt een bekende uitdrukking zijn oorsprong. In de herberg logeerden veel zeelieden die op de Zeedijk en de Wallen hun gage verbrasten totdat het geld op was en dan noodgedwongen weer voor een nieuwe reis moesten aan-

Op de vlucht gebouwd

'Amsterdam die grote stad, die werd gebouwd op palen. Als die stad eens ommeviel, wie zou dat betalen?' zo luidt een oud kinderversje. Alle steden in Holland waar de bodem bestaat uit laagveen, zijn gebouwd op palen. Ondanks die fundering staan veel oude Amsterdamse huizen scheef en hangen ze vervaarlijk voorover alsof ze elk moment kunnen omvallen. In de Sint-Olofspoort is dit goed te zien. Verzakkingen zijn hier niet de belangrijkste oorzaak van. De huizen werden in de zestiende en zeventiende eeuw met opzet voorzien van een vooroverhangende voorgevel. Dit heet 'op de vlucht gebouwd'. Als reden wordt vaak aangevoerd dat men daarmee gemakkelijk de hijsbalken in de nok kon gebruiken, om goederen op te hijsen naar de pakzolders. Een andere reden was dat de huizen er onderhoudsvriendelijker van werden. Regenwater werd gemakkelijker afgevoerd en bleef niet op de houten raamlijsten liggen, zodat men minder vaak hoefde te schilderen.

De voormalige herberg 'De oude Aep' is de geboorteplaats van een bekend spreekwoord.

monsteren. Soms was het geld al op vóórdat zij de rekening aan de herbergier hadden betaald en moest de rekening worden voldaan met iets anders. Bijvoorbeeld met een aap, die sommigen van hen uit de tropen hadden meegenomen. De apen werden een bezienswaardigheid in de herberg en leverden de eigenaar extra inkomsten op. Maar de dieren hadden één nadeel: ze zaten onder de luizen en dat gold ook al snel voor de bedden van de herberg. Als logeeradres werd het daardoor minder populair. Zeelui die er toch overnachtten, kwamen er snel achter dat zij 'in de aap gelogeerd waren'.

Ons' Lieve Heer Op Solder

7 Toen Amsterdam in 1578 protestant werd, zochten de katholieken hun heil in schuilkerken (p. 78). Oudezijds Voorburgwal 40 is zo'n schuilkerk. De bovenste verdiepin-

gen zijn samengevoegd zodat er een hoge ruimte is ontstaan. De kerk werd gewijd aan Sint Nicolaas, de patroonheilige van de Oude Kerk, die aan de gereformeerden werd afgestaan. Het gebouw kreeg bekendheid onder de naam: 'Ons' Lieve Heer op Solder'. Het is een prachtig, sfeervol museum geworden.

Achter de gevel op Oudezijds Voorburgwal 40 is een prachtige kerk verscholen.

Er waren veel katholieke schuilkerken in Amsterdam, op het hoogtepunt zo'n 26. De meesten zijn verdwenen of werden in de negentiende eeuw getransformeerd tot een echt kerkgebouw. In 1887 verhuisde de parochie van de schuilkerk naar de nieuwe Sint-Nicolaaskerk aan de Prins Hendrikkade. Aan de gevel bevindt zich een interieurfoto van de schuilkerk. Het museum laat het uitbundige katholieke leven van Amsterdam zien, ondanks de beperkingen die het kreeg opgelegd.

Prostitutie Oudekerksplein

8 Prostitutie is in Nederland in 2000 gelegaliseerd. Langs het Oudekerksplein ziet u vooral Afrikaanse vrouwen achter de ramen. De rosse buurt van Amsterdam heeft een straat voor bijna elk werelddeel. Er is een Zuid-Amerikaanse, een Oost-Europese en een Thaise straat met bordelen. Toch heeft nog altijd meer dan 50% van de vrouwen die hier werken de Nederlandse nationaliteit. Ze worden ook gecontroleerd op het bezit van legale verblijfsdocumenten. De gemeente wil vrouwenhandel en illegaliteit tegengaan en richt zich daarom op het terugdringen van het aantal ramen. Veel bordelen zijn inmiddels gesloten en aan nieuwe ondernemers verhuurd (zie ook p. 85).

Oude Kerk

9 Nadat er begin vijftiende eeuw een parochiekerk was bijgekomen – de Nieuwe Kerk – noemden de Amsterdammers hun eerste kerk ook wel Oude Kerk. De huidige vorm kreeg de kerk tussen 1330 en 1350, maar sindsdien is er nog veel aan uitgebreid en gerestaureerd, zoals ook goed te zien is aan de verschillende steensoorten die werden gebruikt. De laatste zijkapel werd gebouwd in 1512 en betaald door de bierkooplieden uit Hamburg. In 1566 telde de kerk maar liefst 38 altaren, rijk versierd met schilderingen, beelden en zilveren attributen.
1566 was ook het jaar van de Beeldenstorm. In de Oude Kerk viel de schade mee. Een vrouw die haar pantoffel naar het Mariabeeld

Zicht op de Oude Kerk, het oudste gebouw van Amsterdam.

Sint Nicolaas, patroonheilige van Amsterdam

De naam en afbeelding van Sint Nicolaas – patroonheilige van Amsterdam en van o.a. Rusland – komen we op meerdere plekken in de stad tegen. De Oude Kerk was tot de reformatie aan Sint Nicolaas gewijd. Als beschermheilige van zeelieden was Nicolaas in Amsterdam erg in trek. Eeuwenlang werd in Amsterdam tot Sint Nicolaas gebeden voor een behouden thuisvaart. Dankzij deze Nicolaascultus heeft Amsterdam een belangrijke bijdrage geleverd aan de populariteit van het huidige Sinterklaasfeest in de Lage Landen. Het Sinterklaasfeest werd in Holland al vanaf de veertiende eeuw gevierd op de naamdag van Nicolaas (6 december). Nog steeds vindt de officiële intocht van Sinterklaas jaarlijks in Amsterdam plaats. Behalve als beschermer van zeelieden stond Nicolaas ook bekend als kindervriend. Arme kinderen konden hun schoen in de kerk zetten waarin rijke mensen geld en snoepgoed deden.

De protestanten beschouwden het Sinterklaasfeest als paapse afgoderij en probeerden het uit te bannen. In 1663 werd de verkoop van sinterklaaspoppen van peperkoek verboden. Een klein kinderoproer was het gevolg en het verbod werd snel weer ingetrokken. Maar ook de katholieke kerk plaatste in 1968 vraagtekens bij de cultus van Sint Nicolaas. De vele schimmige legenden die over zijn leven bekend waren en verwarring met Germaanse goden als Wodan waren waarschijnlijk redenen voor het Vaticaan om Nicolaas uit de heiligenkalender te schrappen. Tot een verbod op het feest kwam het echter niet, daarvoor was het te populair. De viering van Sint Nicolaas werd door het Vaticaan niet langer als noodzakelijk geacht, maar als 'optioneel' bestempeld.

gooide werd daarvoor berecht en terechtgesteld. Twaalf jaar later wordt de Oude Kerk door de protestanten in gebruik genomen (p. 77). Heiligenbeelden en altaren worden verwijderd. In de kerk zijn de graven te vinden van o.a. Saskia, de eerste vrouw van Rembrandt. Ook de grootste componist uit de Nederlandse geschiedenis, Jan Pieterszoon Sweelinck [1562-1621] ligt er begraven. Hij was stadsorganist van de Oude Kerk en werd wel de 'Orpheus van Amsterdam' genoemd. Zijn spel kreeg internationale faam en zijn invloed reikte tot de leermeesters van Bach. Het gebouw wordt niet meer voor kerkdiensten gebruikt, maar als tentoonstellingsruimte en concertzaal. Ondanks reformatie en restauratie is het interieur authentiek gebleven en ademt nog altijd de sfeer van middeleeuws Amsterdam.

Bananenbar

⑩ De brug over de OZ Achterburgwal geeft links en rechts uitzicht op de rosse buurt van Amsterdam. In de jaren zeventig verschenen hier, naast de raamprostitutie, ook de eerste erotische theaters zoals Casa Rosso en de Bananenbar, zichtbaar aan de linkerzijde van de brug. Die laatste stond lange tijd ingeschreven als kerk. Maarten Lamers, de oprichter, registreerde zijn Bananenbar als kerkgenootschap om aan de belastingplicht te ontkomen. De bedrijfsleidster werd daarop 'moeder-overste' en de barmeisjes werden 'kloosterzusters in de Orde van Walburga'. De portier rekende geen entree, maar was een 'collectant' die de 'kerkgangers' om een 'vrijwillige' donatie verzocht. Het banaantjehappen werd bestempeld als een 'godsdienstig ritueel'. Omdat de vrijheid van godsdienst in het geding was durfde de politie lange tijd geen actie te ondernemen. Op hoog niveau werd hierdoor in de politiek discussie gevoerd over de definitie van religie en de grenzen van de godsdienstvrijheid. Het rookgordijn van religie werd compleet gemaakt met een nieuw uiterlijk van het pand. De vensters zijn beschilderd met erotische taferelen die doen denken aan religieuze schilderijen in een glas-in-lood-achtige stijl, zoals nog steeds te zien is. Uiteindelijk maakten politie, justitie en de belastingdienst een einde aan het illegale kerkgenootschap.

Chinatown

⑪ Dit gedeelte van de Zeedijk staat bekend als Chinatown en het is te zien waarom – en te ruiken ook. De geur van 'five spices' komt je bij Nam Kee tegemoet. 'Five spices' is een

mix van meestal vier kruiden: ster-anijs, sichuan-peperkorrels, kaneel en venkelzaad. De mix is gebaseerd op de vijf elementen uit de oude Chinese filosofie – aarde, vuur, water, lucht en metaal. De pekingeenden die

De boeddhistische tempel Fo Guang Shan, het religieuze centrum van Chinatown.

met snavel en al in het raam van Nam Kee hangen zijn erin gemarineerd.

Sinds 2000 heeft de Chinese gemeenschap van Amsterdam haar eigen religieuze centrum: Een boeddhistische tempel met kloostercomplex, uniek in Europa. Het initiatief tot het oprichten van de tempel gaat terug tot de Tweede Wereldoorlog. Volgens het verhaal werd de piloot Henry Lo, Chinees restauranthouder in Amsterdam, boven Indonesië neergeschoten door de Japanners. Na een noodlanding heeft hij zich schuilgehouden in de sokkel van een Boeddhabeeld. Uit dankbaarheid voor de bescherming van Boeddha beloofde hij een tempel te bouwen. Dat werd de Fo Guang Shan (Boeddha Licht Berg), geopend door koningin Beatrix in 2000. De dieren op het dak vertegenwoordigen de Chinese dierenriem. De draken staan voor bescherming van de tempel en de wijk. Links en rechts van de tempel staan panden waarin de boeddhistische nonnen wonen. In de gebedsruimte van de tempel staat het beeld van de vrouwelijke Boeddha Guan Yin Bodhisattva, 'de wijze vol mededogen die alles waarneemt'. Zij ziet met duizend ogen, in iedere hand één, zoals het 400 kilo zware beeld laat zien. Neem gerust een kijkje binnen. De tempel is dagelijks vrij toegankelijk.

Waag

⓬ De Waag werd in 1488 gebouwd als stadspoort, de Sint-Anthoniespoort. Ter hoogte van het populaire terras voor de ingang staat u buiten de toenmalige stad. De stadsmuur liep langs de Geldersekade en langs de Kloveniersburgwal. Op de vogelvluchtkaart uit 1544 is dit goed te zien (p. 38, 39). Ook is op deze kaart te zien dat er buiten de Sint-Anthoniespoort al allerlei gebouwen en scheepswerven ontstonden. De stad breidde langzaam uit in oostelijke richting tot aan de Oude Schans en het huidige Waterlooplein. De poort werd daardoor overbodig en als waag in gebruik genomen voor het nieuw gecreëerde marktplein. Op weegschalen werden de goederen die op de markt verhandeld werden afgewogen. Ondanks de naam 'Nieuwmarkt' is het een van de oudste markten van Amsterdam.

Behalve als waag werd de voormalige stadspoort ook als gildehuis gebruikt voor o.a. het

chirurgijnsgilde. Op de zolder van het waag-
gebouw werden in de zeventiende eeuw
anatomische lessen gegeven door de genees-
heer Tulp. Hiervoor werden lichamen
gebruikt van terechtgestelde misdadigers.
De lessen waren in de eerste plaats bestemd
voor chirurgijnsleerlingen die lid waren van
het chirurgijnsgilde. Tegen betaling mochten
ook gewone, nieuwsgierige Amsterdammers
een kijkje nemen bij het lijkensnijden. Zoals
men nu naar de bioscoop gaat voor een grie-
zelfilm, zo kon men destijds terecht bij het

*College van prof. Tulp op de zolder van het Waag-
gebouw. Geschilderd door Rembrandt in 1632.*

'Theatrum Anatomicum' voor een 'live' voorstelling van professor Tulp met zijn scalpel.
Professor Tulp liet in 1632 een van zijn lessen
vereeuwigen door een veelbelovende, maar
nog nauwelijks bekende, schilder uit Leiden:
Rembrandt van Rijn. Algemeen wordt aangenomen dat deze opdracht voor Rembrandt
aanleiding was om naar Amsterdam te verhuizen. Het bekende meesterwerk *De anatomische les van Prof. Tulp* is thans te bezichtigen in het Mauritshuis in Den Haag. De
inscriptie 'Theatrum Anatomicum' is nog
altijd te zien boven de deur in de rechter-
toren.

Jan van der Heyden

⑬ Halverwege de Koestraat bevond zich het
woonhuis annex werkplaats van Jan van der
Heyden [1637-1712], nog herkenbaar aan
een gedenksteen in de gevel. Jan van der
Heyden was een landschapsschilder uit de
zeventiende eeuw. Maar echt bekendheid
kreeg hij door zijn uitvindingen. Als jongen
was hij getuige van het afbranden van het
oude stadhuis op de Dam in 1652. Blijkbaar
maakte dat indruk op hem want in 1672 ontwierp hij een brandspuit met trekpomp –
een hele vooruitgang vergeleken met de
menselijke ketting van emmers, die tot dan
toe gebruikelijk was. Maar Van der Heyden
deed nog een belangrijke uitvinding, die het
aanzien van Amsterdam – vooral 's nachts –
voorgoed veranderde: de straatlantaarn. In
een stad met veel grachten geen overbodige
luxe. In de duisternis gebeurde het regelmatig dat mensen de gracht inliepen. De lantaarn werd een groot succes en vond navolging in Haarlem en Groningen. Zelfs het verre
Berlijn bestelde 1.600 lantaarns bij Jan van
der Heyden. Een onvoorzien gevolg van de
introductie van de straatlantaarn was dat de
straatprostitutie sterk toenam, evenals de
populariteit van het uitgaansleven.

Trippenhuis

⑭ Het Trippenhuis werd gebouwd in
opdracht van de broers Louys en Hendrick
Trip. Zij verdienden een fortuin met de handel in ijzer, wapens en munitie en noemden
zichzelf 'wapenhandelaren van de vrede',
zoals blijkt uit hun lijfspreuk 'Ex Bello Pax'
(Uit oorlog komt vrede). Louys Trip werd zelfs
driemaal gekozen tot burgemeester van

Het Trippenhuis met schoorstenen die als mortieren zijn vormgegeven.

Amsterdam. Ze leverden kanonnen aan de admiraliteit, maar ook aan de Zweedse en zelfs de Spaanse marine, waardoor de Republiek in verschillende zeeslagen met haar eigen kanonnen werd beschoten.

De broers wilden met dit paleis het huis van concurrent-wapenhandelaar Louis de Geer in de schaduw stellen (p. 117). Architect Justus Vingboons ontwierp in 1660 deze breedste grachtenhuisgevel van Amsterdam. De gebroeders Trip lieten het dus letterlijk 'breed hangen', een uitdrukking die zijn oorsprong vindt in de belastingwetgeving van de zeventiende eeuw: de belasting op onroerend goed werd berekend aan de hand van de breedte van de voorgevel.

De architectuur van het gebouw was revolutionair. Niet omdat dit voorbeeld van Hollands classicisme niet eerder was vertoond, maar omdat het gebouwd werd voor burgers. De classicistische bouwstijl met gebruik van Korinthische pilasters was traditioneel voorbehouden aan de adel. In de rest van Europa was het ondenkbaar dat een burger zo'n huis voor zichzelf liet bouwen. In Amsterdam echter woonden geen koningen,

maar waren de vermogende burgers 'koning'.

Achter de voorgevel bevinden zich twee huizen; links dat van Hendrick, rechts dat van Louys. Volgens de klassieke voorschriften mocht er geen pilaster in de as van het huis komen en de ene broer wilde geen kleiner huis dan de andere. Daarom staat de scheidingsmuur tussen de twee huizen precies in het midden achter de middelste rij ramen. De gevel is versierd met symbolen van vrede en oorlog.

Vanaf 1815 was het Rijksmuseum in het Trippenhuis gevestigd, opgericht in 1808 door Lodewijk Napoleon. Schilderijen waaronder *De Nachtwacht* en *Het Joodse Bruidje* hingen in het Trippenhuis tot het huidige Rijksmuseum in 1885 in gebruik werd genomen. Kunstschilder Vincent van Gogh bezocht het Rijksmuseum op deze locatie, *Het Joodse Bruidje* van Rembrandt was zijn favoriete schilderij.

Oost-Indisch huis

15 Door een poortje in de gevel van de Oude Hoogstraat nummer 24 kunnen we een blik werpen op de binnenplaats van het Oost-

Directiekantoor van de VOC, de eerste multinational.

53

Indisch Huis, het hoofdkwartier van de Verenigde Oost-Indische Compagnie [1602-1798]. De expedities naar het Verre Oosten waren extreem kostbaar en daarom was het van belang interne concurrentie te vermijden en risico's te spreidden. Met dit doel werd in 1602 de VOC opgericht. De VOC wordt wel beschouwd als de eerste multinational ter wereld die bovendien de aanzet gaf tot de aandelenhandel. Het Oost-Indisch Huis bood plaats aan een vergaderruimte voor de Heeren XVII, wat nu de 'Raad van Bestuur' zou heten. Verder was er ruimte voor een pakhuis en een kantoor voor zo'n vijftig man personeel. Op de binnenplaats konden bemanningsleden zich melden als zij wilden aanmonsteren voor een avontuurlijke reis. Toch was de VOC als uitzendbureau niet echt populair. Zeelieden moesten een contract voor vijf jaar tekenen en kregen minder betaald dan bij andere rederijen. Daarnaast waren de gevaren onderweg van ziekten, stormen en kapers veel groter dan op bijvoorbeeld de Oostzeevaart. De Compagnie moest het daarom doen met wie maar wilde, veelal klaplopers, criminelen en weeskinderen. Ook kwam het wel voor dat matrozen dronken werden gevoerd voordat ze hun handtekening op het contract mochten zetten.

Waalse kerk

16 De 'Église Wallone', of Waalse kerk, is de vroegere kapel van de Paulusbroeders, gewijd in 1496. Na de val van Antwerpen in 1585 kerkten hier de Franstalige calvinisten die in groten getale naar Amsterdam waren gekomen. Al gauw werd de kerk te klein en

uitgebreid met een galerij. Eind zeventiende eeuw kwamen er nog zo'n 12.000 Hugenoten bij. Zij waren Frankrijk ontvlucht na de herroeping van het Edict van Nantes in 1685, waardoor zij hun geloofsvrijheid kwijt waren.

Hotel The Grand, prinsenhof en voormalig stadhuis

17 Amsterdam is altijd een stad geweest zonder koningen of keizers en dus ook zonder paleizen en monumentale pleinen met fonteinen. De enige poging daartoe staat hier verstopt aan de Oudezijds Voorburgwal: het voormalige Prinsenhof. Tussen 1808 en 1988 was het Prinsenhof in gebruik als stadhuis. Omdat Lodewijk Napoleon het stadhuis aan de Dam als paleis vorderde (p. 57), verhuisde het stadsbestuur hierheen. Voor die toepassing werd ook de uitbreiding in Amsterdamse School-stijl gebouwd in 1924-26. Het Prinsenhof werd gebouwd als onderkomen voor voorname gasten. Willem van Oranje, Prins Maurits, Frederik Hendrik en Maria de Medici logeerden al op deze locatie, toen hier nog een klooster stond. Het huidige prinsenhof is van 1661 en in gebruik als Hotel The Grand, nog steeds een onderkomen voor voorname gasten dus. O.a. Michael Jackson en de Franse president Chirac hebben er overnacht.

Chirac logeerde er tijdens de Eurotop in Amsterdam van 1997. In de jaren daarvoor had hij Nederland weleens omschreven als 'narco-staat', omdat volgens hem bijna alle Europese drugsproblemen er hun oorsprong vinden. Vanuit zijn chique hotelkamer had hij uitzicht op de beruchte 'pillenbrug', waar op klaarlichte dag dagelijks methadon en cocaïne werden verhandeld.

Stadsbank van Leningh

18 Het hoekpand aan de Oudezijds Voorburgwal en de Enge Lombardsteeg is sinds 1614 in gebruik als Stadsbank van Leningh. De bank werd met een filantropisch doel opgericht. Armen konden tegen geen of weinig rente kleine leningen afsluiten. De ingang zit aan de achterzijde. Hier kan men nog steeds waardevolle spullen in onderpand afgeven, waar veel Surinamers en Afrikanen gebruik van maken. Een dergelijke bank wordt ook wel lommerd genoemd, naar Lombard, een inwoner van de Noord-Italiaanse regio Lombardije. De bekendste klerk die hier achter het loket zat was Joost van den Vondel, die van het schrijverschap alleen niet kon leven. Zijn baantje was een zogenaamde 'sinecure', een ambt waarvoor je weinig hoeft te doen, maar dat wel geld oplevert.

Nes

19 De Nes is de theaterstraat van Amsterdam. New York heeft Broadway en Amsterdam de Nes. Theaters zijn er volop: Frascati, de Engelenbak, het onlangs geopende Comedy Theater en het Vlaams Cultuurhuis de Brakke Grond. De omgeving van de Nes werd tot 1578 ingenomen door de vele kloosters die Amsterdam rijk was. Na de Reformatie vestigden zich hier vooral vluchtelingen uit Antwerpen en werd het een Vlaamse straat. De Vlamingen namen ook hun liefde voor theater mee. Bredero was bijvoorbeeld zoon van een Antwerpse immigrant en een bekende toneelschrijver. Hij is overigens hier op de Nes geboren in 1585. Vanaf de negentiende eeuw wordt de Nes een uitgaanscentrum met bordelen en café chantants. Begin twintigste eeuw verhuisde het uitgaansleven naar het Leidseplein en het Rembrandtplein en raakte de Nes in verval.

Naamloze steeg

20 Deze steeg heeft wel degelijk een naam, alleen is het naambordje gestolen. De vier schroeven waar het bordje heeft gezeten zijn nog te zien. Er zijn meer straten met dit probleem: In het 'Gebed Zonder End' heeft de gemeente na het plaatsen van het zoveelste bordje besloten de naam op de muur te schilderen en in de 'Dubbele Worststeeg' hangt het bordje zo hoog, dat men er zelfs met een ladder niet bij kan. Ook het bord van het pleintje 'Pentagon' is een geliefd verzamelobject. In deze steeg doet de gemeente geen moeite meer een nieuw bordje op te hangen want er woont toch niemand. De naam van de steeg is 'Nadorststeeg'.

Het Rokin ondergaat ingrijpende veranderingen door de komst van de Noord/Zuidmetrolijn die volgens de laatste prognose in het najaar van 2017 gereed moet zijn. De totale kosten van dit enorme project waren oorspronkelijk geraamd op 1,4 miljard euro maar zijn inmiddels bijgesteld tot 1,9 miljard. Het project heeft ernstige vertragingen opgelopen door verzakkingen van gebouwen, technische problemen, geldgebrek en moeizame politieke besluitvorming.

Dam

21 De Dam is het centrale plein van Amsterdam, oorspronkelijk 'die Plaets' geheten. Omstreeks 1170 werd hier de Amstel met een dam afgesloten van het IJ. Zo ontstond een buitenwater, het Damrak (zout water) en een binnenwater, het 'Rak in' ofwel Rokin (zoet water). Al snel werd de Dam het centrum van bestuur en ook het centrum van de handel. Het is nog steeds het centrum van koopstad Amsterdam, met de Bijenkorf en de winkelstraten Kalverstraat en Nieuwendijk binnen handbereik.

Het standbeeld 'Vrede' op de gevel van het paleis, met uitzicht op de Dam.

Het Koninklijk Paleis in de ochtendzon.

Stadhuis van Amsterdam

Het stadhuis, nu het Koninklijk Paleis op de Dam, werd gebouwd tussen 1648 en 1665. Amsterdam had inmiddels een ongeëvenaarde machtspositie bereikt en dat moest ook blijken uit het nieuwe stadhuis. Het ontwerp is van Jacob van Campen. Zijn strenge classicistische stijl ging verder dan het aanbrengen van een paar geinige antieke decoraties. Zijn opvatting was bijna spiritueel: het ging hem om het ideaal van de volmaakte schoonheid die tot uiting komt in harmonische, rekenkundige verhoudingen zoals ooit vastgelegd door de Romeinse architect Vitruvius. Die verhoudingen zijn weer een afspiegeling van de goddelijke orde in het universum en de natuur.

De technische uitvoering werd verzorgd door stadsbouwmeester Daniël Stalpaert. Van Campen kwam in 1654 in conflict met het stadsbestuur, waarna Stalpaert de volledige leiding kreeg. Dat er onvolkomenheden in de harmonie van het gebouw zijn, moet dan ook aan Stalpaert worden toegeschreven. Voor de beeldhouwwerken en de reliëfs werd de Antwerpenaar Arthus Quellijn aangetrokken. Het reliëf in de timpaan, van de Amsterdamse stedenmaagd die uit alle werelddelen geschenken krijgt aangeboden, is van zijn hand. François Hemony verzorgde de klokken en het koperwerk, waaronder de 2.000 pond wegende wereldbol op de schouders van Atlas aan de achtergevel van het gebouw. Het machtsvertoon van het gebouw werd nadrukkelijk gecompenseerd met veelzeggende afbeeldingen: Het interieur barst van de allegorische voorstellingen die de calvinistische stadsbestuurders moesten waarschuwen voor hoogmoed, corruptie en geldzucht (zie ook 'de koopman en de dominee', p. 78).

Koninklijk paleis

De Burgerzaal van het stadhuis met op de vloer een wereldkaart van de toen bekende wereld.

Het stadhuis werd paleis dankzij Lodewijk Napoleon, die in 1806 door zijn broer, keizer Napoleon, werd aangesteld als de eerste koning van Holland in de geschiedenis. Lodewijk verbleef aanvankelijk in Den Haag, maar besloot Amsterdam tot zijn residentie te maken. Het classicistische stadhuis leek het meest geschikt als koninklijk onderkomen, het sloot goed aan bij de Empire-stijl die bij de Bonapartes populair was. Enige aanpassingen waren hiervoor wel vereist. Lodewijk liet er een balkon aanzetten, zodat hij als monarch het volk kon toespreken. Volgens de overlevering sprak de Franstalige Corsicaan vanaf het balkon de Amsterdammers toe met de woorden: 'Iek ben konijn van Olland.' Dankzij het 'konijn van Olland' werd Amsterdam de hoofdstad van het koninkrijk der Nederlanden. Met het vertrek van Napoleon werd het nieuwe stadhuis aan koning Willem I aangeboden. Jarenlang is er nog gesteggel geweest over een mogelijke teruggave van het paleis aan de stad, maar met de opening van de Stopera aan het Waterlooplein (p. 131) is dat voorlopig niet meer aan de orde. Het paleis is na een renovatie weer geopend voor publiek. Zie ook: www.paleisamsterdam.nl.

Nieuwe Zijde en Groenburgwal

(2,5 km, ± 2 uur). Aanbevolen tijd: Maandagochtend.

Deze wandeling begint waar wandeling 1 eindigt: op de Dam. De wandeling voert door het zuidelijk deel van de Nieuwe Zijde en over de Groenburgwal. Tijdens deze wandeling komt u langs sfeervolle en verscholen plekken zoals de Begijnhof en de Oudemanhuispoort. U ziet een galerij met zeventiende-eeuwse schuttersstukken, een verborgen boekenmarkt en u hoort over het wonderbaarlijke 'Mirakel van Amsterdam'.

Dam

Meer over de Dam in wandeling 1 en 3.

❶ Wij richten nu onze blik op het Nationale Oorlogsmonument uit 1956, bestaande uit een pyloon, een muur en twee leeuwen. In de muur bevinden zich urnen met grond uit de verschillende fusilladeplaatsen, ook uit het toenmalige Nederlands-Indië. Elk jaar op 4 mei wordt hier door de koningin een krans gelegd. In de jaren zeventig sliepen er groepen hippies rondom het monument. De damslapers, die met slaapzak, gitaar en joint van het monument hun herberg hadden gemaakt, volgden het voorbeeld van John

De jaarlijkse dodenherdenking op de Dam, een uniek ritueel in Europa.

Naatje op de Dam

Tussen 1856 en 1914 stond op de Dam, op de plek waar nu de tram rijdt, een heel ander oorlogsmonument: Het Monument van de Eendracht, in de volksmond 'Naatje', ter herinnering aan de moed van de Nederlandse soldaten tijdens de Tiendaagse Veldtocht van 1831. Zij leverden strijd met de opstandige Belgen. Het beeld bestond uit een zuil met daar bovenop een dame, De Eendracht. Maar de steensoort die werd gebruikt was erg zacht

Oude ingekleurde foto van de Dam met het standbeeld van Naatje.

waardoor het monument al snel in verval raakte. Na een paar jaar verloor Naatje een deel van haar neus. Het hoofd werd afgezaagd voor restauratie en weer op de romp geschroefd. In 1907 viel haar rechterarm kapot in het fonteinbassin. De arm werd niet vervangen. Het monument werd bij hoog bezoek letterlijk verbloemd, verhuld met bloemen. Bij de Amsterdammers was de toestand van Naatje inmiddels een bron van voortdurende hilariteit geworden. De uitdrukking 'het is naatje', in de betekenis van het is waardeloos, gaat terug op de permanente staat van ontbinding waarin het monument zich bevond. In 1914 werd 'De Eendracht' uit haar lijden verlost en afgebroken.

Lennon en Yoko Ono, die in 1969 in het Hilton Hotel van Amsterdam een 'sleep-inn' hielden uit protest tegen de Vietnamoorlog. De hippies werden door veel Amsterdammers beschouwd als 'langharig, werkschuw tuig' en een groep mariniers heeft ze zelfs eens met geweld bij het monument weggejaagd (zie ook p. 160).

Kalverstraat 58, de Papegaai

❷ De drukke Kalverstraat, waar dagelijks drommen mensen snelle materiële bevrediging zoeken, heeft ook iets heel anders te bieden. Verscholen tussen twee modezaken bevindt zich de Papegaai, een katholieke

Maria in de Papegaai aan de Kalverstraat.

kerk uit 1848. Oorspronkelijk stond er op deze plaats een schuilkerk van omstreeks 1650. 'Een kwartier voor God' staat er bij de ingang op een bord. Passanten die de Kalverstraat willen ontvluchten kunnen dit advies ter harte nemen en binnen op adem komen. Een groter contrast is haast niet denkbaar. Het aangename, sfeervolle interieur met het indirecte licht is erg rustgevend. Maar door de hectiek van de Kalverstraat wordt dat effect nog versterkt. Een unieke stilteplek.

'Gedachtenis ter Heilige Stede' in de Kalverstraat.

De Heilige Stede, Kalverstraat

❸ Nederlands bekendste winkelstraat bevat meer devotie dan je zou verwachten. Nog afgezien van schuilkerk de Papegaai was de Kalverstraat ook het toneel van een wonder en werd zodoende het centrum van pelgrimage. Het 'Mirakel van Amsterdam' vond plaats tussen de Wijde en de Enge Kapelsteeg. Een gedenksteen op de hoek bij de

Het Mirakel van Amsterdam

Op de Kalverstraat ter hoogte van de Wijde Kapelsteeg woonde in 1345 een oude, zieke man. Omdat hij bang was dat hij ging sterven kwam de pastoor hem het laatste sacrament toedienen. De man was echter te ziek om de hostie binnen te houden en nadat de pastoor vertrokken was braakte hij de ouwel weer uit. Zijn vrouw gooide het braaksel in het vuur en daar gebeurde het mirakel: De hostie verbrandde niet maar bleef zweven in het midden van de haard. De vrouw pakte de hostie uit het vuur en liet de pastoor erbij roepen. Deze begreep dat hier iets bijzonders gebeurde en bracht de hostie terug naar de Oude Kerk. De volgende dag was de hostie echter uit de kerk verdwenen, om weer te verschijnen in het huis van de zieke man. Dit herhaalde zich nog tweemaal. Toen begreep de pastoor dat de hostie op deze plaats vereerd diende te worden en werd er in de Kalverstraat een kapel gebouwd: de Heilige Stede (zie kaart p. 38, 39). Dit werd een van de belangrijkste plaatsen van middeleeuws Amsterdam. De merkwaardige hostie bleek over geneeskracht te beschikken: verscheidene pelgrims werden van hun kwalen genezen, waaronder keizer Maximiliaan, toen nog aartshertog. Dat betekende een belangrijke impuls voor Amsterdam. Om de stromen pelgrims in goede banen te leiden werden zelfs nieuwe wegen aangelegd: de Heilige Weg en, in het verlengde daarvan, de Overtoom. De ouwel bleek trouwens niet eeuwig houdbaar, zodat de hulpbisschop van Utrecht al na een jaar toestemming gaf deze af en toe te vervangen.

Wijde Kapelsteeg herinnert nog aan 'de Heilige Stede', de kapel die hier heeft gestaan. Het Mirakel van Amsterdam gaat over een wonderbaarlijke hostie met geneeskracht (zie kader p. 63).

Fragment van de kaart van p. 38, 39, met duidelijk zichtbaar de Heilige Stede.

Verering van de hostie

Voor de eenentwintigste eeuw klinkt de geschiedenis van het mirakel tamelijk bizar. Hoe krijg je een hele stad zover om het braaksel van een zieke man te gaan vereren? De middeleeuwse hostieverering begint als in 1215 de 'transsubstanstiatie' door paus Innocentius III tot geloofswaarheid wordt geproclameerd. Volgens deze leer verandert de hostie tijdens de mis in het lichaam van Christus, evenals de wijn verandert in het bloed. De hostie werd daarmee een magisch object want het veranderde in een stukje van Christus zelf. Het tonen van de hostie werd het hoogtepunt van de mis, een moment waarop veel gelovigen in extase raakten. De hostie werd uiteindelijk zelfs te belangrijk geacht om slechts een kort moment te schitteren in de mis en er ontstonden nieuwe rituelen rond de hostie zoals processies door de stad. Als de priester het laatste sacrament kwam toedienen, zoals in de Kalverstraat in 1345 het geval was, gebeurde dat door de hostie met groot ceremonieel in een processie naar het huis van de zieke te brengen. De klok werd geluid en iedereen die de processie zag naderen moest knielen, zich op de borst slaan en bidden. De priester moest zelfs twee hosties bij zich hebben, zodat er één overbleef voor aanbidding op de terugweg. In geval van een uitgebraakte hostie was het voorschrift dat de restanten van de hostie uit het braaksel werden verzameld en later met wat wijn genuttigd door de priester. De vrouw uit de mirakelgeschiedenis smeet het braaksel echter, inclusief lichaam van Christus, in de haard. Hoewel de hostie bedoeld was om op te eten, als manier van eenwording met Christus, werd ook het louter aanwezig zijn ervan als een mystiek moment ervaren, waaraan genadewerking werd toegeschreven. Zo ontstonden er wonderlijke verhalen over bloedende of, zoals hier, in het haardvuur zwevende hosties.

Stille omgang

De Mirakelverering in Amsterdam kwam jaarlijks tot haar hoogtepunt in een uitbundige processie waarbij de wonderlijke hostie werd rondgedragen. Aan deze cultus kwam een

Stille Omgang 2006. De lantaarn markeert de plek van het Mirakel.

abrupt einde toen de stad in 1578 protestantse bestuurders kreeg. Hoe de protestanten over dit ritueel dachten blijkt wel uit het feit dat de Mirakelkapel na de alteratie jarenlang als paardenstal werd gebruikt. Toch wisten de katholieken hun traditie in stand te houden. Daartoe kwamen zij bijeen in de Begijnhofkerk. De processie echter veranderde in een onopvallende, individuele rondgang langs de vroegere route om geen aanstoot te geven aan het protestantse stadsbestuur. De cultus werd nieuw leven in geblazen vanaf 1881, toen er voor Amsterdamse katholieken meer ruimte was gekomen zich te manifesteren. De katholieken wilden daartoe graag de veertiende-eeuwse kapel terugkopen, maar deze werd in 1908 door het protestantse stadsbestuur onder luid protest gesloopt. (Een poort van de mirakelkapel bevindt zich nog in de Wijde Kapelsteeg en wordt nu gebruikt als ingang van de 'Amsterdam Dungeon', een sensationeel griezelmuseum.)

Niettemin is de processie, onder de naam Stille Omgang, aan een gestage en opvallende comeback begonnen. Vanaf 1960 liepen ook vrouwen mee. De Stille Omgang heeft als voorbeeld gediend voor talloze stille tochten, die werden gehouden als stil protest tegen geweld, of bij een herdenking. Op die manier heeft het Mirakel bijgedragen aan hedendaagse, populaire uitingen van bezinning en spiritualiteit. De Stille Omgang van 2009 trok 8.000 deelnemers uit het hele land. Het vindt plaats rond 24 maart.

Amsterdams Historisch Museum

④ Tegenover de gedachtenis aan de kapel begint de steeg die toegang geeft tot het Amsterdams Historisch Museum. Op deze plaats stond in de middeleeuwen het Sint-Lucienklooster dat in 1580 een bestemming kreeg als burgerweeshuis. Het weeshuis bood plaats aan zo'n 200 tot soms wel meer

De toegang tot het Amsterdams Historisch Museum.

dan duizend wezen. Een bekende wees die hier opgroeide was Jan van Speyk, de zeeheld die zich tijdens de Belgische onafhankelijkheidsstrijd met schip en al opblies om de smaad van een nederlaag te voorkomen. De wezen waren in het straatbeeld duidelijk herkenbaar aan hun uniform. Zij droegen kleding in de kleuren van de stad: rood en zwart. Rond hun twintigste verlieten ze het weeshuis, traditioneel op de eerste zondag in mei. In de toegangspoort van het museum zijn vier weesjongens en vier weesmeisjes te

zien rond een duif, het symbool van het weeshuis. Een tekst die aan Vondel wordt toegeschreven roept de burgers op om geld te doneren: 'Ay ga niet voort door deze poort of help een luttel dragen.' De poort geeft toegang tot de jongensplaats van het voormalige weeshuis, nu een aangenaam rustig terras. De galerij met kastjes aan de linkerkant dateert van 1762 en werd door de jongens gebruikt om hun gereedschappen op te bergen. Nu zijn ze in gebruik van het museum als vitrines. In 1962 verhuisde het weeshuis en werden de panden verbouwd tot het huidige Amsterdams Historisch Museum, dat in 1975 haar deuren opende. Als u terug loopt richting Kalverstraat, passeert u rechts de schuifdeuren van de Schuttersgalerij. Deze gratis toegankelijke vleugel van het museum bevat een aantal schuttersstukken van bekende meesters uit de zeventiende eeuw. Een van de topstukken is van Govert Flinck [1615-1660], leerling van Rembrandt: de 'Schutters van de compagnie van kapitein Joan Huydecoper en luitenant Frans van Waveren', geschilderd in het jaar van de vrede met Spanje, 1648.

De Schuttersgalerij, de gratis toegankelijke vleugel van het Amsterdam Historisch Museum.

Midden in de drukke stad bevindt zich het sfeervolle en rustige Begijnhof.

Via de Schuttersgalerij bereikt u de Gedempte Begijnensloot. De sloot die zich hier bevond vormde de scheiding tussen het jongens- en het meisjesgedeelte van het burgerweeshuis. *Halverwege het steegje is rechts een poortje dat toegang geeft tot het Begijnhof.*

Begijnhof

⑤ Het Begijnhof van Amsterdam is een bijzonder sfeervolle en verstilde plek, waar de eeuwenlange devotie en toewijding nog steeds bijna voelbaar is. Tegelijkertijd is het een topattractie bij toeristen en de hof wordt regelmatig overspoeld door groepen bezoekers. Bezoekers wordt nadrukkelijk gevraagd de rust van de hof te eerbiedigen.
De oudste vermelding van het Begijnhof in Amsterdam dateert van 1346. Begijnen leef-

den in afzondering in een lekengemeenschap. Eenvoud, armoede en kuisheid waren hierbij het streven. In tegenstelling tot nonnen en kloosterzusters zijn zij vrij om na verloop van tijd weer uit te treden want zij waren niet aangesloten bij een kloosterorde en maakten dus geen deel uit van de officiële kerk. Om die reden werden zij in 1311 als ketters bestempeld. De bisschoppen in de Lage Landen verdedigden echter het zuivere karakter van de begijnen, waardoor ze vrijstellingen kregen voor hun gemeenschappen. Zelfs de protestantse machtsovername van de stad in 1578 kon hier geen verandering in brengen. De meeste kerken en kloosters werden onteigend, maar het Begijnhof bleef onbetwist domein van de begijnen, die hoge achting genoten. Hun huizen waren geen kerkelijk bezit en daarom konden de protestanten ze niet confisqueren. Alleen de kapel uit 1417 werd van haar functie ontheven en aan de Engelse Presbyteriaanse Kerk geschonken. De begijnen mochten – hoewel de kerk nu protestants geworden was – nog steeds in de kerk begraven worden. Eén begijn, Cornelia Arens, weigerde en wilde liever in 'het breje kerkpad bij de geut' begraven worden. Haar grafsteen is nog te zien aan de rand van het bleekveld. In 1971 stierf de laatste begijn. De stichting Begijnhof draagt sindsdien zorg voor passende bewoners. Alleen ongehuwde vrouwen of weduwen komen in aanmerking. Katholieke vrouwen genieten de voorkeur.

Het houten huis
In Amsterdam resteren nog twee middel-

eeuwse houten gevels, waarvan één op het Begijnhof staat. Het huis op nummer 34 heeft een puntgevel met een overstekende verdieping en dateert van kort na de stadsbrand van 1421. De zijgevels zijn wel van steen. Alle huizen op het Begijnhof moeten er ongeveer zo uit hebben gezien, maar de meeste werden in de zeventiende eeuw voorzien van een barokke voorgevel. De constructies achter de gevels zijn vrijwel allemaal nog middeleeuws.

Via een poortje links van het houten huis bereikt u het Spui. Het Spui was vroeger een afwatering van het Rokin naar de voormalige grachten in Spuistraat en Nieuwezijds Voorburgwal. Op het Spui gaat u rechtsaf tot aan het kleine pleintje voor boekhandel Athenaeum.

De Mirakel- of Begijnhofkapel
Op nummer 29 bevindt zich de nieuwe kerk van de begijnen, gebouwd in 1671 door de katholieke bouwmeester Philips Vingboons. In deze kerk worden de resterende relieken bewaard uit de kapel van de Heilige Stede. Zo ging de devotie van het Mirakel van Amsterdam na de alteratie over op de kapel van de begijnen. Sinds de afbraak van de Mirakelkapel eindigt de jaarlijkse Stille Omgang in de Begijnhofkapel. Het barokke interieur toont drie altaarstukken van Nicolaas Moeyaart uit 1649, één van de weinige katholieke schilderijen die in die tijd werden gemaakt.

Misviering na de Stille Omgang in de Begijnhofkapel.

Het Spui

6 Op dit pleintje staat een standbeeld, bekend als 'het Lieverdje'. In het midden van de jaren zestig was dit het 'Magies Sentrum' van de Provobeweging. Provo's verzetten zich tegen de arrogante houding van het gemeentebestuur, de politie en het grootkapitaal. Dit uitte zich in ludieke acties, waarbij het publiek en de politie op vreedzame wijze werden uitgedaagd. Deze 'happenings' werden georganiseerd door anti-rookmagiër Jasper Grootveld [1932-2009]. Grootveld bekladde ook tabaksreclame met leuzen als 'Ben uw ook al aan de kanker?' Hij danste tijdens de happenings om het Lieverdje in een wolk van sigarettenrook en onder het uiten van allerlei bezweringen, zoals 'Uche uche' en 'Klaas komt'. Niet toevallig kozen zij hiervoor het Lieverdje, dat een geschenk was van een tabaksfabrikant. Daarnaast bedachten de Provo's voor de toenemende verkeersproblemen in de stad het 'witte fietsenplan': gratis gebruik van gemeenschappelijke, wit geschilderde fietsen. De autoriteiten wisten de verwarrende provocaties vaak niet anders dan met hard politiegeweld te beantwoorden. Provo's werden opgepakt omdat zij krenten uitdeelden, 'uche uche' riepen of fietsen wit schilderden. Op 3 juni 1970 veranderden de Kabouters – de alternatieve beweging die Provo opvolgde o.l.v. Roel van Duijn – het Lieverdje in een oranje kabouter en riepen er de 'Oranje Vrijstaat' uit, een pacifistisch, anarchistisch alternatief voor Nederland. Al met al zorgde dit soort acties ervoor dat Amsterdam tot ver over de grenzen bekend werd als het centrum van een alternatieve, politieke jongerencultuur.

Het standbeeld van het Lieverdje was in de jaren zestig en zeventig het cultusobject van Provo- en Kabouter-rituelen.

Lutheranen, Jezuïeten en Doopsgezinden

7 De singelgracht ter hoogte van het Spui was in zeventiende-eeuws Amsterdam het domein van drie geloofsgemeenschappen die min of meer gedoogd werden door het calvinistische stadsbestuur. Op de hoek recht tegenover het Lieverdje staat de voormalige Lutherse kerk. Lutheranen waren protestanten en kregen dus meer privileges dan katholieken. Ze mochten wel kerken bouwen, maar geen kerktorens. Het gebouw is in gebruik door de Universiteit van Amsterdam. Aan de overkant van het Singel staat de negentiende-eeuwse kerk Sint Franciscus Xaverius oftewel 'de Krijtberg'. De kerk met de twee spitse torens wordt bediend door de paters Jezuïeten. Sinds 1654 stond er aan het

De Krijtberg aan het Singel.

Singel in Amsterdam een schuilkerk met die naam. Jezuïeten waren verdacht. Ze werden door veel calvinisten beschouwd als fanatieke katholieken die de reformatie ongedaan wilden maken. Met de bouw van de huidige, neogotische kerk werd in 1881 begonnen. De kerk heeft een kleurrijk gedecoreerd interieur. Links van de Jezuïeten zit al 400 jaar de schuilkerk van de Doopsgezinde gemeente van Amsterdam. Hun gebouw is nog steeds in gebruik. Zij waren weliswaar protestant en pacifistisch, maar hun volwassendoop en hun geschiedenis van geweld (p. 76) maakte ze verdacht.

Rasphuis

❽ Aan het eind van de Voetboogstraat ziet u de ingang van winkelcentrum Kalvertoren, vroeger locatie van het Rasphuis. Dit was een tuchthuis voor zeventiende-eeuwse criminelen. Het probeerde jonge delinquenten op het rechte pad te brengen door een streng regime van fysieke arbeid. Hiertoe moesten de jongens het hout van de Brazielboom raspen tot een poeder dat gebruikt werd bij de bereiding van een rode kleurstof. Gevolg was dat de gevangenen door het stof volle-

dig rood kleurden en een bezienswaardigheid werden voor toeristen. Voor een koperstuk mocht het publiek komen kijken. In de kermistijd was de toegang zelfs gratis. De poort van het Rasphuis toont de Stedemaagd met zweep geflankeerd door twee geketende mannen. Onder de maagd staat het woord *Castigatio*, Latijn voor 'tuchtiging'. Daaronder een citaat van Seneca: 'Het is een deugd te temmen wat allen vrezen.' Dit geeft al een aardig beeld van de dagelijkse praktijken in

De poort van het Rasphuis geeft nu toegang tot de Kalvertoren.

het Rasphuis. Veel geïnterneerden overleefden de behandeling niet, zoals Adriaen Koerbagh. Hij werd in 1666 veroordeeld en hield het er slechts een paar maanden vol (p. 82).

Rokin

❾ Tot 1937 liep het Rokin door tot aan de Dam. Nu eindigt het bij het ruiterstandbeeld van koningin Wilhelmina. Tijdens het laatste landskampioenfeest van Ajax droeg Wilhelmina een clubsjaal om haar nek, en als Oranje speelt heeft zij weleens een oranje verkeerspilon op het hoofd. Toch staat de vorstin niet bekend als een groot sportfanaat. In 1928 weigerde zij de Olympische Spelen van Amsterdam te openen omdat vooraf geen overleg was gepleegd over het tijdstip. Amsterdam heeft de ambitie om in 2028 – honderd jaar na dato – opnieuw de Olympische Spelen te organiseren. Of dat doorgaat is nog niet zeker, maar zeker is dat als haar achterkleinzoon koning Willem IV dan op de troon zit, hij de kans niet zal laten liggen om deze Spelen te openen.

Gebed zonder end, Grimburgwal

🔟 Na het passeren van de Nes is er aan uw linkerhand een bijzonder sfeervol steegje met de naam Gebed zonder end. In de middeleeuwen lagen er langs deze straat, die toen nog verder doorliep, een aaneengesloten reeks van nonnenkloosters, zodat men met recht kon spreken van een gebed zonder end. Dit deel van Amsterdam werd om die reden ook wel de 'stille zijde' genoemd. Nu is er een café met terras gevestigd.

Oudemanhuispoort

🔟 In deze onderdoorgang bevindt zich een van de mooiste boekenmarkten van Amsterdam. Dagelijks tussen 9.30 en 18.00 uur is er een keur aan tweedehands en antiquarische boeken en prenten te koop. Halverwege de doorgang bevindt zich links de ingang naar de tuin van het Binnengasthuis, een Oudemannen- en vrouwengasthuis uit 1601. In 1880 werden de gebouwen in gebruik genomen door de Universiteit van Amsterdam. Het

plein en de poort ademen een sfeer van rust, traditie en wijsheid. De winkelkasten van de boekhandelaren zijn sinds 1757 in gebruik door handelaren in goud, zilver, boeken en andere zaken. Tot 1941 werd de handel voor-

Snuffelen tussen tweedehands boeken in de Oudemanhuispoort.

namelijk door joodse handelaren gedreven. *We komen de poort uit en gaan links over de Kloveniersburgwal, daarna rechts de Raamgracht op.* Op de brug over de Groenburgwal heeft u links en rechts een mooi uitzicht. Links ziet u de spits van de Zuiderkerk (p. 144) boven de gevels uitsteken. *Vervolg de weg over de Groenburgwal tot aan de volgende brug.*

Staalstraat, brug over de Groenburgwal

🔟 Amsterdam is samen met Rome en Parijs de meest geportretteerde stad ter wereld. Al sinds de zeventiende eeuw vinden prenten van 'de vermaarde koopstad Amsterdam' gretig aftrek in heel Europa. Staand op de brug van de Staalstraat over de Groenburgwal begrijpt u wellicht waarom. Dit is een van de populairste *photo opportunities* van Amsterdam. Kijkt u in de richting van de

De spits van de Zuiderkerk achter de panden van de Kloveniersburgwal.

Het gildehuis van de Staalmeesters, nu in gebruik als winkel van Droog Design.

Raamgracht, dan ziet u de toren van de Zuiderkerk precies in het verdwijnpunt van de Groenburgwal staan. Rond 1874 werd dit tafereel vastgelegd door de Franse schilder Claude Monet.

De naam Staalstraat vindt zijn oorsprong in de lakenindustrie. Stalen waren samples van stof, aan de hand van een sample werd een bestelling geplaatst. De gildemeesters hielden de kwaliteit van de stoffen in de gaten. Deze 'Staalmeesters' zijn door Rembrandt geportretteerd op het bekende, gelijknamige schilderij. Hun gildehuis is te zien op Staalstraat nummer 7a, de daklijst is zelfs versierd met een opgerold laken.

Hotel de Doelen

⓭ Op de hoek van Kloveniersburgwal en Nieuwe Doelenstraat staat het Doelenhotel. Het hotel werd gebouwd op de plek van een middeleeuwse verdedigingstoren. Toen het bisschoppelijke leger van Utrecht in 1481 door de Amsterdamse schutters werd verslagen werd de toren triomfantelijk 'Swyg Utregt' genoemd (zie kaart p. 38, 39). De

De schutters van de Nachtwacht flankeren het uurwerk van het Doelenhotel.

toren deed ook dienst als Kloveniersdoelen, een plek waar de schutterij samenkwam om te oefenen. Het was deze schutterij die in 1642 een groot groepsportret bij Rembrandt bestelde. 'De compagnie van kapitein Frans Banning Cocq en luitenant Willem van Ruytenburch' heette het schilderij. Door verkleuring van de verf is het later bekend geworden als de *Nachtwacht*.

Halvemaansbrug

14 Op de Halvemaansbrug heeft u in twee richtingen een mooi uitzicht over de Binnenamstel. Rechts ziet u het Muntplein met de Munttoren, een onderdeel van de hier gevestigde Regulierspoort. Deze voormalige mid-

De Binnenamstel met uitzicht op de Munttoren.

deleeuwse verdedigingstoren werd in 1620 door Hendrik de Keyser van een fraaie spits voorzien. De toren dankt haar naam aan het feit dat er tussen 1672 en 1674 munten werden geslagen.

Interieur van het Tuschinski-theater.

Tuschinski-theater

15 In de Reguliersbreestraat bevindt zich het Tuschinski-theater. Abraham Icek Tuschinski was een Poolse jood die in 1904 op weg was naar Amerika. Hij zou zich in Rotterdam inschepen, maar besloot in Nederland te blijven en hier zijn droom waar te maken: theaters oprichten waar geluidsfilms konden worden vertoond. Zijn bekendste bioscoop is dit Tuschinski-theater, geopend in 1921. Het is gebouwd in een eclectische stijl waarin elementen van Jugendstil, Art Deco en Amsterdamse School te herkennen zijn. Met de fantasierijke, duistere gevel doet het gebouw nog het meeste denken aan een decor uit een Batman-film. In de centrale hal van het interieur staat de Poolse adelaar afgebeeld in het tapijt. Het is het enige persoonlijke wat resteert van de nalatenschap van Tuschinski. Zijn vier Rotterdamse bioscopen werden in 1940 gebombardeerd. Tuschinski zelf werd in 1942 naar Westerbork gebracht en in Auschwitz vermoord.

Rembrandtplein

⓰ Het Rembrandtplein heette vroeger de Botermarkt en was een wagenplein dat toegang bood tot de stad. Paarden, karren en wagens dienden hier te worden achtergelaten, men kon alleen per taxi of te voet de stad in. Daaraan herinneren nog zijstraten zoals de Paardenstraat en de Wagenstraat. De Botermarkt veranderde in Rembrandtplein toen halverwege de negentiende eeuw de schilder Rembrandt [1606-1669] weer in

de belangstelling kwam. Lange tijd verkeerde hij in de schaduw van tijdgenoten als Govert Flinck en Bartholomeüs van der Helst. Maar in 1839 maakte België zich los van Nederland en verrees in Antwerpen een groots standbeeld van Rubens. Deze gold ook als een Nederlandse schilder, maar nu de Belgen hem hadden 'geclaimd' als nationaal symbool kon Nederland niet achterblijven en men ging op zoek naar een tegenhanger. De keuze viel op Rembrandt. Rembrandt stond in het buitenland bekend als de belangrijkste vertegenwoordiger van de Nederlandse schilderkunst. In 1852 onthulde koning Willem III het standbeeld. Om de schijn van een bronzen beeld te wekken is het goedkope gietijzer in een bronskleur geschilderd.

Nachtleven op het Rembrandtplein.

Vrijheid en tolerantie

Op 1 april 2001 bezegelde een trotse burgemeester Cohen het eerste homohuwelijk ter wereld in het stadhuis van Amsterdam. Veel landen hebben dit voorbeeld gevolgd en het huwelijk opengesteld voor homo-echtparen. Het is niet toevallig dat juist Amsterdam het voortouw nam in deze ontwikkeling. Amsterdam geniet bekendheid als stad van vrijheid en tolerantie. Al in de zestiende eeuw konden vluchtelingen van uiteenlopende signatuur er een veilig onderdak vinden, terwijl zij in andere delen van Europa om hun geloof of denkbeelden werden vervolgd. Ook ten opzichte van prostitutie en (soft)drugs heeft de stad zich altijd pragmatisch opgesteld. Toeristen uit de hele wereld komen speciaal naar Amsterdam om ongestraft wiet te kunnen roken of langs de rode lampen op de Wallen te lopen. Hoewel de laatste jaren het gedoogbeleid op zijn retour lijkt te zijn, heeft Amsterdam nog steeds de reputatie van een stad waar alles kan en alles mag.

De Amsterdamse tolerantie krijgt voor het eerst bekendheid in de zestiende eeuw. In de eerste helft van deze turbulente eeuw wordt Amerika ontdekt, wordt Luther met al zijn volgelingen door de katholieke kerk in de ban gedaan, maakt Engeland zich los van Rome, predikt Erasmus het humanisme en ontdekt Copernicus dat de zon het middelpunt van het heelal is en niet de aarde. Tegelijkertijd komt de boekdrukkunst tot wasdom, waarmee al deze revolutionaire ideeën in een ongekend tempo over Europa werden verspreid. Het stadbestuur van Amsterdam, toen al een internationale havenstad, kreeg vrij snel met al deze nieuwigheden en netelige geloofskwesties te maken. Hoe kon men zowel de burgers als het keizerlijk en kerkelijk gezag tevreden houden en tegelijkertijd zorgen voor continuïteit in de handel?

Het beste wat men kon bedenken was een oogje toeknijpen. De eerste lutheranen die zich in Amsterdam vestigden werden – ondanks de hel en verdoemenis waarmee

keizer Karel V ze bedreigde – zoveel mogelijk met rust gelaten. Zolang het kon werd de brandstapel uit Amsterdam geweerd. Als men werd betrapt op het lezen van het Nieuwe Testament in de vertaling van Luther – een vergrijp waarop de doodstraf stond – kwam men er in Amsterdam meestal vanaf met een verplichte processie en een openbare boete. Een zekere Jan Goessens moest een bedevaart maken omdat hij had gezegd: 'Als Onze Lieve Vrouwe zo heilig is, hoe heilig is dan wel de ezel die haar heeft gedragen?' Je werd in veel steden al voor minder op de brandstapel gezet. Ook nu nog wordt het burgemeester Job Cohen regelmatig verweten kopjes thee te drinken met imams in plaats van de (radicale) moskeeën te sluiten. Het beleid van 'de boel bij elkaar houden' heeft in Amsterdam een lange traditie.

Een van de oudste argumenten van Amsterdam voor deze milde houding is van economische aard. Onrust is slecht voor de handel en dus heeft het voorkomen en beperken ervan de eerste prioriteit. Een andere reden voor de tolerante houding is de afwezigheid van macht. Doordat een machtscentrum ontbrak, kon Amsterdam veel meer zijn eigen gang gaan dan andere steden. In Amsterdam resideerden geen koningen of hertogen die strenge wetten konden afdwingen. De keizerlijke vertegenwoordiging zat in Den Haag en Brussel en de bisschop zat in Utrecht. Daarbij kon het groeiende economische belang van Amsterdam door de keizer niet genegeerd worden en dit gaf de stad een machtige positie. Er zijn veel voorbeelden bekend van klachten over het 'lakse' stadsbestuur dat weigerde op te treden tegen ketterij. Aan het keizerlijk hof kwamen die klachten in de onderste la: daar wilde men liever niet de vingers aan branden. In een rijke stad is het goed belasting heffen en in de zestiende eeuw werd Amsterdam de belangrijkste koopmansstad van de Lage Landen.

Wederdopers

Toch ging het ook wel eens mis, zoals in 1535 bij de wederdopers. Zij waren voorstander van de volwassendoop in tegenstelling tot de bij katholieken en protestanten gebruikelijke kinderdoop. In veel opzichten waren zij radicaler dan lutheranen of calvinisten. Omdat de kinderdoop tegelijk ook een inschrijving was in het bevolkingsregister, werden de wederdopers ook als anarchisten beschouwd. Zij verwierpen niet alleen het heilig sacrament van de kinderdoop, maar ook hun registratie als burger. Desondanks werden ook de wederdopers in Amsterdam met rust gelaten zolang zij zich koest hielden. Dit tot ergernis van inquisiteur Reynier Brunt. Hij liet in 1530

'Wee wee over de wereld en de goddelozen!' Wederdopers rennen naakt door Amsterdam.

negen Amsterdamse dopers arresteren en door het Hof in Den Haag ter dood brengen. Hun hoofden werden in een harington naar Amsterdam gestuurd, voorzien van een briefje met het vriendelijke verzoek deze op Volewijk, het galgenveld aan de overkant van het IJ (p. 195), tentoon te stellen. Verontwaardigd wees schout Hubrechtsz het verzoek van de hand en burgemeester Ruysch Jansz schijnt bij het zien van de hoofden geroepen te hebben: 'Zijn ze in Den Haag nu helemaal van God los?' Van zulk soort praktijken was men in Amsterdam niet gediend. Toch zou je kunnen zeggen dat het stadsbestuur de situatie verkeerd inschatte. In 1533 namen de wederdopers het Duitse stadje Munster in. Onder leiding van de Haarlemmer Jan Mathijssen – die beweerde dat hij de laatste profeet was aan wie God zich had geopenbaard – werd de bisschop uit Munster verjaagd en stichtten de wederdopers er het 'nieuwe Jeruzalem' in afwachting van het spoedige einde der tijden. De beweging werd nu als staatsgevaarlijk beschouwd en ook in Amsterdam werd zij radicaler. In februari 1535 gooide een aantal wederdopers op aandringen van een profeet hun kleren in de haard. Zulke bezittingen waren immers maar aards slijk. Ook het huis waar ze bijeen waren staken ze in brand. Vervolgens trokken zij naakt door de straten terwijl zij riepen: 'Wee, wee over de wereld en over de goddelozen!' De naaktlopers werden opgepakt en veroordeeld, bijna allen ter dood. Maar daar bleef het niet bij. In mei 1535 bestormden zo'n veertig dopers het oude stadhuis op de Dam. Een goede timing, want de burgemeesters waren 'wel bij dranck' van hun jaarlijkse borrel van het Heilig-Kruisgilde en ontkwamen ternauwernood. De volgende dag deden de schutters, geholpen door de bevolking, een inval. Achtentwintig dopers werden gedood en twaalf gevangen genomen. Onder de bevolking vielen dertig slachtoffers. Op 14 mei werden de gevangen dopers terechtgesteld. Bij de mannen werd het kloppende hart uit de borstkas gerukt en in hun gezicht gesmeten. Daarna werden ze onthoofd en gevierendeeld. De vrouwen werden in een zak geknoopt en in het IJ verdronken of in de deuren van hun huis opgehangen. Wellicht probeerde het stadsbestuur met deze zware straffen iets van hun eerdere onachtzaamheid goed te maken. Maar veel heeft het niet geholpen. Van hogerhand werd een onderzoek ingesteld hoe het zover had kunnen komen. De conclusie was dat de burgemeesters zich door hun gedoogbeleid schuldig hadden gemaakt aan nalatigheid. De schout en de burgemeesters werden binnen korte tijd vervangen door rechtzinnige katholieken. Met de wederdopers kwam het niet meer goed. De jacht op de overige sekteleden was nu geopend en tussen 1536 en 1576 zouden

nog zo'n 51 executies volgen. Ook Munster viel weer in handen van de bisschop. Als reactie hierop schudden de dopers hun radicale veren af en zwoeren voortaan trouw aan de geweldloosheid. Omdat 'wederdoper' een te beladen term was geworden noemden zij zich voortaan doopsgezinden.

Deze geschiedenis maakt tevens duidelijk waar de grens van de tolerantie werd bereikt. Wie probeerde met geweld de bestaande toestand te veranderen werd van tolerantie uitgesloten en mocht met geweld bestreden worden.

De alteratie

De gebeurtenissen in 1578 zetten de verhoudingen volledig op zijn kop. Waren het eerst de protestanten die gedoogd werden door de katholieken, na mei 1578 was het andersom. Amsterdam werd protestant en het katholieke stadsbestuur werd in Diemen aan de dijk gezet. Deze machtswisseling staat bekend als de 'alteratie'. De situatie was in 1578 onhoudbaar geworden. De watergeuzen blokkeerden alle zeehandel en prinsgezinde steden als Haarlem en Alkmaar hadden een 'cordon sanitaire' om de stad gelegd om te voorkomen dat de Spanjaarden de stad als uitvalsbasis zouden gebruiken. De protestante elite was uitgeweken naar Emden en er heerste honger in de stad.

De omwenteling had alleen maar voordelen. De ballingen kwamen terug uit Emden en het Damrak lag weer vol met schepen. Ook was er meer ruimte want alle katholieke gebouwen, waaronder veel kloosters, werden onteigend en konden voor nieuwe doeleinden worden gebruikt. Monniken, nonnen en priesters werden de stad uitgezet. Er kwam een verbod op de katholieke mis en katholieken konden geen schout, schutter of burgemeester meer worden. De katholieken kwamen voortaan bijeen in schuilkerken: van buiten een nor-

Schuilkerk van de Sint-Nicolaas parochie, nu het museum Ons Lieve Heer Op Solder.

maal woon- of pakhuis, maar van binnen een kerk. De schuilkerken werden gedoogd. Iedereen zag de gelovigen op gezette tijden naar hun 'schuilkerk' lopen en het gezang van de vespers was zelfs op straat te horen, zonder dat ertegen werd opgetreden. Een lijst uit die tijd maakt melding van zo'n 26 katholieke schuilkerken in Amsterdam.

In 1579 werd de geloofsvrijheid in de Republiek vastgelegd in de Unie van Utrecht. Hoewel Willem van Oranje pleitte voor gewetensvrijheid én cultusvrijheid voor protestanten én katholieken, werd alleen de gewetensvrijheid gegarandeerd, en dit alleen in Holland en Zeeland. Buiten Holland en Zee-

land kregen de steden en gewesten de mogelijkheid een eigen beleid op het gebied van godsdienst te voeren. Een alternatief was bijvoorbeeld het model van 'Cuius regio, eius religio'. Hierbij bepaalde de landsheer welke godsdienst in zijn land mocht worden beleden. In de Duitse gewesten was dit een gebruikelijke oplossing, maar in Amsterdam was het onmogelijk. Amsterdam erkende geen enkele landsheer die de macht had zoiets af te dwingen.

De reputatie van Amsterdam als stad van vrijhandel en vrijheid kwam na de alteratie pas echt op gang. En dat gold ook voor de bevolkingsgroei. In 1585 viel Antwerpen in handen van de Spanjaarden. De vloot die bij Vlissingen klaar lag om de stad te ontzetten, werd gebruikt om de havenstad hermetisch af te sluiten. Het betekende het einde van de bloeitijd van Antwerpen en een belangrijke impuls voor Amsterdam. In groten getale kwamen de Antwerpenaren en de Spaanse Brabanders naar Amsterdam met hun ambachten en handelsnetwerken. Hun invloed op de cultuur van de stad was groot. Niet iedereen was daar blij mee. Burgemeester Cornelis Pieterszoon Hooft, vader van de bekende dichter en geschiedschrijver P.C. Hooft, had zijn bedenkingen. De vreemdelingen waren criminelen, vond hij. Waar was nog ruimte voor de 'oude Hollanders', zei hij, de mensen die bekend stonden om hun 'trouw, oprechtheid, eerlijkheid en ijver'?

De koopman en de dominee

Het religieuze gedoogbeleid riep ook weerstand op. Er bestond een belangrijk verschil van mening tussen de wereldlijke en de

godsdienstige elites van de stad. De dominees zagen in elke katholiek een sluipmoor-
denaar à la Balthasar Gerards, die in 1584
Willem van Oranje vermoordde, en in elke
doopsgezinde zagen ze een anarchist die uit
was op een staatsgreep. Een vast bestand-
deel van elke calvinistische preek was dan
ook de polemiek tegen de 'vijanden der
waarheid': katholieken, remonstranten en
doopsgezinden. De gevaren van de paapse
afgoderij werden voorgesteld als de 'hoere
Babylons' en vergeleken met 'een kanker' en
'een pest'. Sommige dominees wilden van de
Republiek een theocratie maken en het bij-
wonen van de calvinistische eredienst ver-
plicht maken. Het stadsbestuur voelde hier

vanzelfsprekend niets voor. Er woonden
belangrijke katholieke kooplui in de stad en
de bijdrage van andersdenkenden aan de
Amsterdamse welvaart was aanzienlijk.
De controverse kwam tot een veelzeggend
hoogtepunt tijdens de bouw van het nieuwe
stadhuis aan de Dam, nu koninklijk paleis,
dat in 1665 gereed kwam (p. 57). Het nieuwe
stadhuis werd meteen het grootste gebouw
van Europa en het drukte al tijdens de bouw
de ernaast gelegen Nieuwe Kerk naar de achtergrond.
Dit was volgens de dominees een verkeerde
voorstelling van zaken. Het gezag van de
stad was ondergeschikt aan het gezag van
God. Om dit architectonisch uit te drukken

Op verschillende prenten werd de toren van de Nieuwe Kerk al afgebeeld.

moest de Nieuwe Kerk een toren krijgen die hoog boven het stadhuis zou uitrijzen om daarmee de suprematie van het goddelijke over het wereldlijke te onderstrepen. Dit plan werd uitgewerkt tot een bouwtekening en er gingen zelfs al palen de grond in voor het fundament. Maar verder dan de eerste verdieping is de toren niet gekomen. De kosten van de bouw van het stadhuis (8,5 miljoen gulden) drukten zwaar op de begroting en tijdens de Eerste Engelse Zeeoorlog tussen 1652 en 1654 kwam de bodem van de schatkist helemaal snel in zicht. Even werd nog overwogen om het stadhuis een verdieping lager te maken, maar uiteindelijk was het de toren van de Nieuwe Kerk die sneuvelde. Een veelzeggend besluit. Met de bouw van het immense stadhuis maakte Amsterdam niet alleen duidelijk op dat moment de machtigste stadstaat ter wereld te zijn, maar ook dat de staat machtiger was dan de kerk. Dit was een overwinning van de koopman op de dominee en daarmee ook van de tolerantie op het wantrouwen. De straat die tussen Nieuwe Kerk en paleis loopt draagt nog altijd de naam 'Mozes en Aäronstraat'. Mozes staat als wereldlijk leider symbool voor het stadhuis en Aäron, als hogepriester, voor de Nieuwe Kerk.

Lutheranen mochten wel kerken bouwen, maar geen torens. Een koepel viel niet onder het verbod, zoals de Lutherse koepelkerk aan de Singel laat zien.

Joden en doopsgezinden

Het religieuze leven van Amsterdam kreeg steeds meer kleuren. Remonstranten, lutheranen, doopsgezinden, quakers, presbyterianen, anglicanen en allerlei exotische christenen zoals Armeense en Russische orthodoxen. Rond 1610 kwamen daar nog grote groepen joden bij, uit Portugal gevlucht voor de Inqui-sitie. Voor elke groepering gold gewetensvrijheid, maar niet iedereen mocht zomaar een kerk bouwen. Hoe meer de stroming op het officiële calvinisme leek, hoe meer vrijheden en privileges (p. 69). De joden kregen een aparte behandeling: zij mochten, na aanvankelijke aarzelingen, uiteindelijk eigen synagoges bouwen maar waren uitgesloten van de gilden en ze mochten niet met christenen trouwen. Belangrijke ambten waren alleen toegankelijk voor de aanhangers van het officiële, contraremonstrantse calvinisme.

Voor het buitenland, met name Frankrijk, was deze milde houding onbegrijpelijk en zelfs onuitstaanbaar. De Amsterdamse burgemeester Coenraad van Beuningen (p. 123) heeft in Parijs aan de Franse koning Lodewijk XIV geprobeerd uit te leggen waarom de joden en de doopsgezinden in de Republiek getolereerd werden. Hij wees erop dat de joden, aangezien zij als volk nog steeds bestonden, door God geduld werden en dus moesten de mensen hen ook dulden. Hij weerlegde het Franse argument dat de doopsgezinden geen goede burgers zouden zijn omdat zij weigerden de wapens te hanteren. Zij kochten immers voor veel geld hun privilege af en met dat geld konden huurlingen worden betaald. Bovendien was van een pacifistisch ingestelde groepering geen oproer te verwachten. Ergens doet de missie van Van Beuningen denken aan de pogingen van Nederland om in de jaren negentig van de twintigste eeuw het Nederlandse drugsbeleid aan Chirac uit te leggen.

Persvrijheid en censuur

Als bolwerk van relatieve geloofsvrijheid en tolerantie ontwikkelde Amsterdam zich ook tot een echte boekenstad. Er bestond geen preventieve censuur, dus drukkers, schrijvers en uitgevers konden hier schrijven en publiceren wat ze maar wilden. Nog steeds staat Amsterdam internationaal bekend als een centrum van uitgevers, typografen en drukkers. Het Armeense en het Russische alfabet beleefden beiden hun drukwerk-primeur in Amsterdam. Het Russische alfabet werd door tsaar Peter de Grote persoonlijk op een kladblaadje gekrabbeld en daarna door een Amsterdamse drukker in loden letters omgezet. Dat de Russische drukletter (nog steeds) enigszins afwijkt van de oorspronkelijke Russische handschriftletters zou wel eens te maken kunnen hebben met het slordige handschrift van Peter de Grote.
Dankzij deze grote mate van persvrijheid

werkte Amsterdam als een magneet op dissidente schrijvers, wetenschappers en filosofen. Franse dissidenten publiceerden hier kritische pamfletten aan het adres van Lodewijk XIV in het Frans. Die vonden hun weg terug naar Frankrijk en werden daar verspreid onder de bevolking. Dit staatsgevaarlijke drukwerk uit Amsterdam bracht Lodewijk XIV regelmatig tot razernij. Descartes (p. 95) en Comenius (p. 117) konden hier in vrijheid werken en in de achttiende eeuw werden de verboden werken van Voltaire en Diderot in Amsterdam uitgegeven.

Joost van den Vondel

Dat de persvrijheid haar grenzen kende ondervond Joost van den Vondel in 1625. Het conflict tussen landsadvocaat Johan van

Titelblad van het toneelstuk 'Palamedes of de vermoorde Onnozelheid' van Vondel.

Oldenbarnevelt en Prins Maurits, dat leidde tot de executie van Oldenbarnevelt in 1619, was voor Vondel aanleiding een toneelstuk te schrijven. *Palamedes of de vermoorde onnozelheid* heette het waarbij 'onnozelheid' gelezen moet worden als 'onschuld'. Met de vermoorde onschuld werd Oldenbarnevelt bedoeld en in de figuur van de Griekse Agamemnon kon Prins Maurits worden herkend. Het toneelstuk is een scherpe kritiek op de stadhouder. Vondel was zich bewust van de gevoelige lading want het verscheen pas na de dood van Prins Maurits. Toch moest hij de stad ontvluchten en verbleef in Beverwijk. Hij werd echter gearresteerd en veroordeeld tot een forse boete van 300 gulden. Gelukkig had hij vrienden in het stadsbestuur en nam de stad hem in bescherming. Op dat moment werden verschillende mensen in Den Haag onthoofd op beschuldiging van sympathie voor Oldenbarnevelt. Als Amsterdam hem had uitgeleverd was Vondel zijn leven niet zeker geweest. *Palamedes* werd pas in 1663 voor het eerst opgevoerd, in Rotterdam.

Adriaen Koerbagh

In het zeventiende-eeuwse Amsterdam is waarschijnlijk maar één persoon geweest die om zijn denkbeelden is gestraft, met de dood tot gevolg. Zijn naam is Adriaen Koerbagh [1643-1669]. Koerbagh was een radicale vrijdenker, beïnvloed door de atheïstische kring rond Spinoza. Hij publiceerde in 1668 een woordenboek waarvan de hele oplage in beslag werd genomen. De definities in Koerbaghs woordenboek waren niet mis. Zijn definitie van gereformeerde religie bijvoorbeeld luidde: 'De gezuiverde godsdienst.

Maar die naam verdient het niet, want het is nog lang geen redelijke, op wijsheid, waarheid en verstand gebaseerde religie. Het zou niet nodig moeten zijn een godsdienst met vuur en zwaard in stand te houden. Iedereen wil zijn onbegrijpelijke dogma's met geweld staande houden! Wat een ellende brengt dat in de wereld!' Bij het woord Jezus schreef hij: 'Behouder. Wie eigenlijk de vader van deze behouder is geweest, dat weet men niet. Daarom hebben enkele domme lieden beweerd dat hij de zoon van God zou zijn die "sonder toedoen des mans" uit een maagd zou zijn geboren.' Ook zag Koerbagh zijn woordenboek als een middel om de Nederlandse taal te zuiveren van vreemde leenwoorden. De Griekse naam Christus vertaalde hij daarom met 'Besmeerde' omdat hij 'Gezalfde' abusievelijk aanzag voor een leenwoord. De schout van Amsterdam eiste dat zijn tong zou worden doorboord met een gloeiende priem, zijn rechterduim zou worden afgehakt en dat hij voor dertig jaar zou worden opgesloten. Uiteindelijk werd Koerbagh gearresteerd en tot tien jaar Rasphuis (p. 70) veroordeeld. Hij stierf enkele maanden later aan de gevolgen daarvan.

Het lot van Vondel en Koerbagh toont aan dat in Amsterdam de persvrijheid weliswaar groot was vergeleken met de rest van de wereld, maar zeker niet onbeperkt. Allerlei geschriften werden er geduld, maar atheïsme en blasfemie werden streng gestraft.

Spinoza

De belangrijkste vertegenwoordiger van radicale ideeën in zeventiende-eeuws Amsterdam is zonder twijfel de Portugese jood Baruch de Spinoza. Hij werd in 1656 om zijn kritiek op de joodse heilige geschriften door de synagoge in de ban gedaan. Bij het stadsbestuur pleitten de rabbijnen zelfs voor arrestatie en verbanning uit de stad. Spinoza was niet uit op provocaties en wachtte met de publicatie van zijn meest radicale werk, de *Ethica*. Dit werd pas na zijn dood gepubliceerd. Het werd direct verboden. Spinoza kwam bekend te staan als de filosoof van de tolerantie (zie ook p. 148).

Drugs, prostitutie en de kraakbeweging

De Amsterdamse tolerantie werd geboren uit de behoefte aan geloofsvrijheid, maar beperkte zich daartoe niet. Vandaag de dag is de vrijheid en tolerantie in de stad vooral zichtbaar als het gaat om openlijke prostitutie en softdrugsgebruik. Ook bij anarchisme en ander ongeoorloofd gedrag toont Amsterdam zich voorvechter van een mild beleid. Veel van dit beleid werd landelijk nagevolgd. Sinds een aantal jaren dreigt Den Haag, vaak tegen de zin van Amsterdam, dit beleid weer terug te draaien.

Drugs

Hennep was een belangrijke grondstof voor touw in de scheepvaart en dus geen onbekend verschijnsel in Amsterdam. Hoewel de naam hennep slaat op rassen die niet geschikt zijn voor de productie van cannabis werd in 1566 wel melding gemaakt van een

Interieur van Coffeeshop 'De Dampkring'.

vreemd verschijnsel onder weeshuiskinderen. Ze leken bezeten, trokken in groepjes schreeuwend door de stad, vielen schuimbekkend op de grond en klommen zelfs tegen muren op. Het doet een beetje denken aan het gedrag van sommige drugstoeristen nu. De schrijver in kwestie verdacht de wezen ervan door boze geesten te zijn bezield, maar deskundigen denken dat de oorzaak wel eens zou kunnen liggen in de slechte voeding van die winter. Waarschijnlijk liepen de kinderen een cannabisvergiftiging op door de vele hennepkoeken die ze te eten kregen. Recreatief gebruik van drugs wordt pas algemeen in de jaren zestig van de twintigste eeuw.

De stad werd in die tijd een trekpleister voor jongeren op zoek naar een andere levensstijl met bijbehorende verwachtingen en idealen. De Provo Kees Hoekert – die bij het huwelijk van Beatrix een witte kip naar de Gouden Koets gooide – begon in 1969 de Lowlands Weed Company. Op een woonboot recht tegenover het politiebureau kweekte en verkocht hij hennepplanten. Busladingen toeristen bezochten zijn woonboot. Een andere coffeeshop van het eerste uur is de Melkweg, nu bekend als cultuurpodium. Mede dankzij deze pioniers voert Nederland vanaf 1976 een officieel gedoogbeleid als het gaat om softdrugs. Het drugsbeleid berust op twee principes: drugsgebruik is het terrein van het ministerie van Volksgezondheid en er wordt onderscheid gemaakt tussen hard- en softdrugs. Gebruik en bezit van maximaal vijf gram softdrugs is toegestaan, maar alle harddrugs zijn verboden. Het kweken van maximaal vijf planten voor eigen gebruik mag ook, maar grootschalige kweek niet.

De vraag is dus waar coffeeshops legaal hun voorraad vandaan halen. Wat de voordeur uitgaat is legaal, maar wat via de achterdeur binnenkomt meestal niet. Niettemin bewijzen de statistieken dat het drugsgebruik dankzij het gedoogbeleid stabiel is i.t.t. landen waar een verbod van kracht is. De roep om herziening van het halfslachtige beleid wordt echter steeds groter. Internationale druk en verdragen staan een verdere versoepeling in de weg en sinds een aantal jaren is er sprake van een hardere lijn dan ooit. In Amsterdam is het totale aantal coffeeshops sinds 1995 teruggelopen van 350 naar 234, een daling van meer dan 30%. Coffeeshops die de strenge regels overtreden worden gesloten en sinds 2006 is er een 'uitsterfbeleid': na verkoop van een zaak is cannabisverkoop er niet meer toegestaan. In de buurt van scholen hebben coffeeshops hun deuren al moeten sluiten. De smartshops, waar hallucinogene paddestoelen kunnen worden gekocht werden per 1 december 2008 verboden nadat een 17-jarig Frans meisje om het leven kwam toen zij tijdens een 'paddo'-trip van een brug sprong. Dat zij naast paddo's ook alcohol gebruikt had – een riskante combinatie, waar elke smartshop voor waarschuwt – had overigens geen gevolgen voor het alcoholbeleid. Naar aanleiding van het paddoverbod liet burgemeester Cohen weten dat de Amsterdamse politie niet op het verbod zal gaan controleren. 'Het paddoverbod wordt ons opgelegd en ik ga dat met frisse tegenzin ook wel handhaven, maar van mij had het niet gehoeven', aldus Cohen in *De Telegraaf*.

Etalage op de Wallen.

Prostitutie

Amsterdam heeft als havenstad altijd met prostitutie te maken gehad. In de middeleeuwen was openlijke prostitutie slechts toegestaan in één straat: de Pijlsteeg, een straatje dat op de Dam uitkomt, recht tegenover het stadhuis. Werd een prostituee elders betrapt op het drijven van haar nering, dan werd ze op een open kar gezet en onder publieke vernederingen naar de Pijlsteeg gereden. Toch waren bordelen door de hele stad te vinden, zij het niet zoals nu met etalagevensters aan de straat. Meestal ging het om een herberg waar men de waardin veelbetekenend moest aankijken, zodat deze de deur naar de achterkamer zou wijzen. Pogingen om de prostitutie volledig uit te bannen waren over het algemeen tevergeefs. Als het de prostituees

te moeilijk werd gemaakt hadden zij altijd een sterke troef in handen: ze konden dreigen bekend te maken wie hun klanten waren. Daar zaten altijd wel een paar prominenten of burgemeesters tussen. Het stadsbestuur bond dan meestal snel weer in. Het valt te betwijfelen of die truc nog steeds werkt sinds een Amsterdamse wethouder heeft toegegeven van prostituees gebruik te maken, zelfs op plekken waar dat niet mag. Sinds 2000 is de prostitutie officieel gelegaliseerd, prostituees dragen belasting af en beschikken over legale verblijfsdocumenten. Met deze maatregel hoopten de autoriteiten meer greep te krijgen op misstanden zoals gedwongen prostitutie, vrouwenhandel en criminele banden. In de praktijk blijkt dat tegen te vallen. Prostitutie is nu eenmaal een bedrijfstak die criminaliteit aantrekt. De stad pakt het nu alweer anders aan. Prostitutie- panden moeten kunnen bewijzen geen financiële banden met de onderwereld te hebben. Lukt dat niet, dan wordt het pand gesloten en doorverkocht aan bonafide win- keliers, met name mode-ateliers onder de paraplunaam Red Light Fashion. De maat- regel roept veel weerstand op; het is een omkering van het rechtsprincipe dat men onschuldig is tot het tegendeel is bewezen. Ook verandert het gezicht van de wallen onherroepelijk en lokale ondernemers vrezen dat toeristen zullen wegblijven. De toekomst zal uitwijzen in hoeverre die angst terecht is.

Dit pand aan de Spuistraat werd gekraakt in 1983.

Kraakbeweging

Het Amsterdamse beleid is ook zichtbaar in de omgang met de kraakbeweging. Deze beweging zorgde in de jaren tachtig voor veel onrust in de stad. Op grote schaal wer- den leegstaande panden gekraakt en ontrui- mingen gingen vaak met veel geweld gepaard. Eenmaal werd het leger ingezet. Uiteindelijk heeft de gemeente succes gehad,

o.a. door de introductie van antikraak- bedrijfjes. Deze beheren leegstaande panden door ze voor weinig geld te verhuren. Stu- denten die betaalbare woonruimte zoeken, kunnen dus ook bij deze organisaties terecht. Daarnaast kunnen sommige kraakpanden in aanmerking komen voor een status als broedplaats (p. 25), waarbij onder een aantal voorwaarden hun pand voor een bepaalde tijd legaal door hen beheerd mag worden. Op die manier werd geprobeerd de angel uit het anarchisme te halen. In 2008 kwam in de politiek zelfs een algeheel kraakverbod ter sprake, nadat een leegstaand gebouwtje van het Rijksmuseum voor een paar dagen werd bezet. De vier grote steden waren echter tegen en noemden de maatregel 'contrapro- ductief'.

Wildplakzuilen en plaskruizen

De wildplakzuil is Amsterdams gedoogbeleid op z'n best. In feite is de term een contradic- tio in terminis. Om het illegaal plakken van posters tegen te gaan (wildplakken) heeft de gemeente her en der speciale zuilen ge- plaatst waarop 'wildplakken' is toegestaan. Wat geldt voor plakken geldt ook voor

Twee plaskruizen op de Nieuwmarkt, samen goed voor 900 liter.

Turkse winkelier in de Javastraat.

plassen, zoals te zien is aan de grijze of gele plastic plaskruizen, die je op Pinkpop zou verwachten maar niet in een oude binnenstad. Toch staan deze openlijke 'wildplastoiletten' met een capaciteit van 450 liter per stuk, her en der opgesteld, vaak tot verbijstering van veel (buitenlandse) bezoekers. Een noodoplossing die portieken en monumenten moet beschermen. Door een kader te creëren waarbinnen ongeoorloofd gedrag is toegestaan, zoals bij dit soort maatregelen, probeert men greep te krijgen op de overlast.

De multiculturele samenleving en de eenentwintigste eeuw

Amsterdam is met 177 nationaliteiten de meest diverse stad ter wereld (p. 26). Vanaf 1975 veranderde de stad snel door de instroom van steeds meer nieuwe immigranten terwijl de autochtone Amsterdammers naar buursteden als Almere, Amstelveen en Purmerend verhuisden. De nieuwe bewoners brachten ook niet-westerse religies mee: boeddhisme, hindoeïsme en vooral de islam. In 2005 was 32% van de bevolking van Amsterdam 'niet-westers allochtoon' tegenover 9% landelijk. Van de kinderen onder de 18 jaar had meer dan de helft geen autochtone ouders.

De stad reageerde op al die veranderingen zoals ze gewend was. Iedereen die zich koest houdt de ruimte geven. Soms was de tolerantie niet meer dan een onverschillig dulden van de ander. Langzamerhand kwamen veel nieuwkomers in de problemen, vaak van sociale aard. Ze kwamen in afbraakbuurten terecht en fabrieken waarvoor de gastarbeiders waren aangetrokken gingen failliet. Er was nauwelijks sociale mobiliteit en weinig kennis van de Nederlandse taal. Er ontstond een sociaal en etnisch isolement. Daarnaast ontwikkelde de Zeedijk zich in de jaren zeventig tot een harddrugszone, waar alles openlijk te koop was en waar Surinaamse en Chinese drugsbaronnen de dienst uitmaakten. Amsterdam kreeg de reputatie van een stad waar je portemonnee wordt gerold en waar je blij mag zijn als je daarbij geen mes op de keel hebt gekregen. Veel autochtonen zochten de oorzaken voor deze problemen bij de komst van immigranten. Amsterdammers zagen hun buurt – die in de jaren vijftig en zestig nog blaakte van frisse wederopbouwmentaliteit en goedbedoelde gemeenschaps-

zin – langzaam vercriminaliseren, vereenzamen en verkrotten. Openlijke uitingen van racisme bleven echter een uitzondering.

De Amerikaanse 'War on terror', de moord op politicus Pim Fortuyn in 2002 en de moord op filmmaker Theo van Gogh in 2004 zetten de verhoudingen op scherp. Moslims werden als een bedreiging ervaren en met terrorisme geassocieerd. Politiek correcte tolerantie werd opeens verdacht en over allochtonen en moslims moest alles gezegd kunnen worden, ook smaad en beledigingen. Niemand protesteerde meer als een krant melding maakte van de etnische identiteit van de tasjesdief. Marokkaans-Nederlandse jongeren zorgden voor onrust en overlast en werden zelfs door politici met 'kutmarokkanen' aangeduid. De moslimgemeenschap werd met zichzelf

Het kunstwerk 'De Schreeuw' van Jeroen Henneman in het Oosterpark, opgericht voor de vermoorde cineast Theo van Gogh.

gen is het eindpunt van de ontwikkeling een volledig verbod op alle vrijheden waar Amsterdam internationaal om bekend staat.

Toch waakt Amsterdam zorgvuldig over haar imago van tolerante stad. Spinoza, de filosoof van de tolerantie, heeft in 2008 een prominent standbeeld gekregen (p. 145). Toen uit cijfers bleek dat het geweld tegen homo's was toegenomen, besloot het stadsbestuur op de Gay Pride van 2008 een boot met homoseksuele politieagenten te laten deel-

Amsterdam wordt islamitischer en de islam wordt Amsterdamser, zoals blijkt uit dit spandoek op een moskee in Amsterdam Zuid-Oost.

geconfronteerd en de politiek probeerde een geluid te laten horen dat bij de nieuwe gevoelens aansloot. Toch is de Fortuyn-revolutie van 2002 bijna geheel aan Amsterdam voorbij gegaan. Anders dan in veel andere steden bleef de PvdA hier de grootste partij. Amsterdam heeft weinig op met revolutionairen en houdt er niet van om de confrontatie te zoeken. Maar soms zoekt de confrontatie Amsterdam, zoals bij de moord op Van Gogh. De storm aan reacties die dit veroorzaakte is grotendeels weer gaan liggen maar het einde van de ontwikkelingen die eruit voortvloeien is nog niet in zicht. Nieuwe politieke partijen dienen zich aan. Het immigratiebeleid is verscherpt, het integratiebeleid heeft hernieuwde aandacht gekregen en veel allochtone achterstandswijken worden aangepakt. Zekerheid en veiligheid gaan echter moeilijk samen met vrijheid. Volgens sommi-

Boot op de jaarlijkse Gay Pride festival.

nemen. Defensie deed ook mee en liet een boot met homomilitairen aantreden. De minister van Defensie greep echter op het laatste moment in en verbood de militairen in uniform te verschijnen met de verklaring dat 'een legeruniform niet past bij de uitbundigheid van welke parade dan ook'. Op de Gay Pride van 2008 waren wel de homoagenten van politiecorps Amstelland te zien, ín uniform. Zo bleek maar weer: in Amsterdam kan en mag altijd net ietsje meer.

3 | Rebelse stad
de Jordaan

De enorme bevolkingsgroei aan het begin van de zeventiende eeuw maakte stadsuitbreiding noodzakelijk. De stadsuitleg van 1613 voorzag in de grachtengordel, maar hield ook rekening met de groeiende vraag naar huisvesting voor ambachtslieden. Geluids- en stankoverlast veroorzakende bedrijfjes waren niet gewenst aan de gracht. Daar werd een speciale wijk voor aangelegd ten westen van de Prinsengracht: de Jordaan. Hiermee werd in Nederland voor het eerst planmatig een klasse-onderscheid gemaakt.

De huisnijverheid in de Jordaan bestond o.a. uit scheepsbeschuitbakkers, touwslagers, leerlooiers en suikerraffinaderijen. De VOC was er de grootste werkgever. Rond 1750 was de wereldproductie van suiker voor een belangrijk deel in de Jordaan gevestigd. Met de industrialisatie in de negentiende eeuw sloeg de verpaupering toe. Het werd een overbevolkte arbeiderswijk, waar elk moment besmettelijke ziekten en oproer konden uitbreken. Het verhaal van de Jordaan is daardoor ook een verhaal over

onrecht, rebellie, solidariteit en socialisme. Vandaag is van armoede en oproer in de Jordaan weinig meer te merken. Het is een welgestelde, schilderachtige en rustige wijk geworden, vol met leuke galeries, winkels, hofjes en terrassen. Maar wat gebleven is, is de sfeer, de verhalen en de onoverzichtelijke plattegrond van straatjes en grachten, waarin zelfs een Amsterdammer nog weleens kan verdwalen.

Jordaan

(4 km, ± 2 uur). Aanbevolen tijd: 's Ochtends. Op maandag en zaterdag is er markt.

De Jordaan leent zich uitstekend voor een wandeling. De oudste en bekendste volkswijk van Neder-land heeft nauwelijks last van doorgaand verkeer. De enige verkeersader van belang is de Rozen-gracht, die de Jordaan in tweeën snijdt. Deze wandeling voert door het oudste deel van de Jordaan, ten noorden van de Rozengracht. U passeert een aantal rustieke hofjes, de Wester- en Noorder-kerk, gezellige markten en smalle straten. Onder-weg leest u over de oorsprong en ontwikkeling van deze bijzondere wijk en haar bewoners.

Nieuwe kerk

Meer over de Dam op p. 56 en p. 61.

❶ De Nieuwe Kerk stamt uit de vijftiende eeuw maar brandde in 1645 bijna geheel af. Bouwmeester Jacob van Campen, die op dat moment aan het naburige stadhuis bouwde, nam de restauratie ter hand. Het werd in gotische stijl hersteld, maar er zijn ook klas-sieke elementen toegepast. In de kerk bevin-den zich de praalgraven van o.a. de zeehel-den Michiel de Ruyter en Jan van Speijk.

Koninklijk huwelijk van kroonprins Willem-Alexan-der en Maxima in de Nieuwe Kerk.

De kerk wordt tegenwoordig gebruikt voor tentoonstellingen en bij koninklijke huwelij-ken. Ook wordt hier sinds 1814 het staats-hoofd beëdigd. In 1980 was dit prinses Beatrix. Tijdens de plechtigheid werd verder-op in de stad een ware veldslag uitgevoch-ten. Duizenden anarchisten en sympathisan-ten leverden strijd met een enorme politie-macht. Met leuzen als 'Geen woning, geen kroning' werd aandacht gevraagd voor de woningnood. Het kabaal van het oproer was

tot in de Nieuwe Kerk te horen. De eerste daad van Beatrix als vorstin was het bezoe-ken van de gewonde agenten in het zieken-huis.

Nieuwezijds Voorburgwal

❷ De Nieuwezijds Voorburgwal werd in 1884 gedempt en stond tot de jaren zeventig ook wel bekend als Fleetstreet van Amster-dam, de thuisbasis van de belangrijkste dag-bladen van het land. De redactiekantoren waren gevestigd op de bovenverdiepingen en de drukkerijen op de begane grond. Het *Algemeen Handelsblad*, *De Telegraaf*, *Het Parool*, *Trouw*, *de Volkskrant* en *De Standaard* hielden er kantoor. 's Ochtends vroeg reden vrachtwagens af en aan om de kranten door het land te verspreidden.

Links ziet u de Magna Plaza, tegenwoordig een chique winkelcentrum. Het stamt uit 1899 en werd gebouwd in neogotische stijl als hoofdpostkantoor van Amsterdam. Daarnaast staat 'Die port van Cleve', nu een restaurant annex hotel. Gerard Adriaan Heineken opende hier in 1864 de deuren van zijn eerste brouwerij. In 1886 liet hij in het nieuwe stadsdeel de Pijp een grote brouwerij bouwen, die dienst deed tot 1980.

Torensluis

❸ De Torensluis over de Singel is de breedste boogbrug van Amsterdam. De Singel vormde tot 1613 de westelijke stadsgrens, versterkt met een muur en vestingwerken. Op deze brug stond ter verdediging de Jan

Roodenpoortstoren uit 1480. Wegens bouwvalligheid werd deze in 1829 afgebroken. Met een afwijkende kleur straatstenen is aangegeven waar de toren heeft gestaan. Onder de stadspoort zat de gevangenis. Door over de reling te kijken kan men de ingang ervan nog zien.

Behalve een brede brug kunt u hier ook een extreem smal huis aantreffen. Aan de overkant van de Singel, iets rechts van de brug ziet u een rood huis van 180 cm breed. Dergelijke smalle huizen vinden hun oorsprong in de belastingwetgeving van de zeventiende eeuw: Belasting op onroerend goed werd berekend aan de hand van de breedte van de voorgevel. Een smalle voorgevel betekende dus belastingvoordeel. De achtergevels van veel huizen zijn vaak iets breder, wat mogelijk was door de radiale vorm van de grachtengordel.

Op de brug zien we, naast gezellige terrasjes, ook het borstbeeld van Eduard Douwes Dekker [1820-1887], beter bekend als Multatuli. Het kunstwerk verbeeldt de geest die uit de fles komt. Zijn bekendste boek, *Max Havelaar*, is een aanklacht tegen de uitbuiting en misbruik van de inheemse bevolking in toenmalig Nederlands-Indië. Het boek werd in 2002 uitgeroepen tot het belangrijkste Nederlandstalig letterkundig werk aller tijden. Ook bij de publicatie in 1859 maakte het indruk, maar tot teleurstelling van Multatuli vooral vanwege de literaire kwaliteiten. De politieke invloed van het boek maakte Multatuli niet meer mee. Pas vanaf 1900 ging het ministerie van Koloniën in Indië een 'ethische politiek' voeren, met aandacht voor onderwijs en ontwikkeling van de Indische bevol-

De Torensluis in de schemering met links het borstbeeld van Multatuli.

king. Die bevolking werd zich hierdoor bewust van haar positie en rechten en maakte kennis met westerse denkers zoals Karl Marx. Zo maakte de bevolking zich steeds meer los van de kolonisator. Dit leidde weer tot de onafhankelijkheid van Indonesië in 1949. Allemaal, in meer of mindere mate, terug te voeren op de geest die Multatuli uit de fles liet ontsnappen. Zijn geboortehuis staat hier vlakbij (zie kaart op p. 92) en is getransformeerd tot het Multatuli-museum.

Westermarkt 6, woonhuis René Descartes

❹ De Franse filosoof René Descartes [1596-1650] woonde tussen 1629 en 1635 in Amsterdam. Als soldaat diende hij in het leger van prins Maurits. Toen hij afzwaaide besloot hij zich aan de wetenschap te wijden en hij schreef zich aan aan de universiteit van Leiden. Descartes was de eerste die de filosofie van Aristoteles verwierp en verving door een eigen levensvatbaar filosofisch systeem. Zo legde hij de basis voor de grote wetenschappelijke vooruitgang van de zeventiende eeuw. Zoals veel van zijn geleerde tijdgenoten was Descartes een *homo universalis*, 'universeel mens'. Optica, anatomie, wiskunde; alles had zijn belangstelling. Hij is de bedenker van wiskundige notaties zoals het wortelteken en hij verklaarde als eerste de werking van de regenboog. Ook was hij regelmatig op de markt te vinden waar hij o.a. honden kocht die hij levend opensneed om hun

Ik denk, dus ik ben

Descartes kreeg vooral bekendheid door zijn stelling: *Cogito ergo sum* ('Ik denk, dus ik ben'). In zijn onderzoekingen stuitte Descartes telkens op de subjectiviteit van de menselijke waarneming. Menselijke waarneming is onbetrouwbaar, zodat aan de werkelijkheid, die de mens waarneemt, ook getwijfeld moet worden. Wat twijfelachtig is moet worden afgewezen, want bewijsvoering moet plaatsvinden op basis van onbe-

Halverwege de Leliegracht ziet u de Westertoren al boven de gevels uitsteken.

twijfelbare argumenten. Waaraan volgens hem echter niet getwijfeld kon worden, was het feit dát hij twijfelde. *Cogito ergo sum* is een vaststelling waarover geen discussie mogelijk is. Hiermee kwam Descartes tot de paradoxale conclusie dat twijfel een absolute zekerheid is.

anatomie te kunnen bestuderen. Hij geloofde ten onrechte dat dieren geen pijn konden voelen (een opvatting die eeuwenlang is gebruikt als excuus om dierproeven te rechtvaardigen). In Amsterdam kon Descartes rustig werken en zijn geschriften publiceren, die elders teveel opschudding hadden veroorzaakt.

Anne Frankhuis, Westerkerk

❺ Vanaf de Kees de Jongenbrug over de Bloemgracht heeft u uitzicht op de Prinsengracht met de Westerkerk en op de rij wachtende bezoekers voor het Anne Frankhuis die daar meestal staat. Het Anne Frankhuis trekt meer dan een miljoen bezoekers per jaar. Anne schreef haar beroemde dagboek in het achterhuis van Prinsengracht 263. Tussen 1942 en 1944 verscholen in het achterhuis de joodse families Frank en Pels zich om te ontsnappen aan de nazi-terreur. Twee jaar lang waren zij afgesloten van de buitenwereld. Ze werden verzorgd door het personeel van de firma van Otto Frank. Door verraad werden de families op 4 augustus 1944 gearresteerd en naar Auschwitz en later Bergen-Belsen

De Anne Frankboom

Dat het dagboek van Anne Frank een blijvende impact heeft bewijst de Anne Frankboom. Deze kastanje figureert in het dagboek als Annes enige contact met de natuur en een symbool van hoop. De boom is meer dan 170 jaar oud, staat achter het Anne Frankhuis en is vanaf de straat onzichtbaar. Hij is zwaar aangetast door zwammen en schimmels. Om omvallen te voorkomen verleende het stadsdeel in 2006 een kapvergunning. Buurtbewoners protesteerden en stapten zelfs naar de rechter. De boom werd wereldnieuws. Er werd een 'Stichting Support Anne Frank Tree' in het leven geroepen om het beheer van de boom op zich te nemen. Architecten en boom-

De doodzieke kastanje achter het Anne Frankhuis.

specialisten bedachten een kostbare constructie met kabels die het voortbestaan van de kastanjeboom voor in ieder geval 5 tot 15 jaar kan garanderen. Met behulp van digitale technieken wordt de boom permanent geanalyseerd. Kastanjes van de boom zijn al over de hele wereld geplant om nieuwe Anne Frankbomen te kweken. De operaties aan de boom worden onder meer bekostigd met de verkoop van stekjes en kastanjes. Op eBay is al 7.000 euro voor een kastanje geboden. Zie: www.support-annefranktree.nl.

gedeporteerd. Anne bezweek aan tyfus, twee weken voor de Duitse capitulatie. Alleen Annes vader overleefde de oorlog. Hij liet het dagboek van Anne publiceren in 1947. Het kreeg direct bekendheid als een aangrijpend verslag over oorlog en het lot van onderduikers. Het is het meest verkochte Nederlandse boek ter wereld.

De bekendste – en volgens velen ook de mooiste – kerk van Amsterdam is de Wester-kerk. Hoewel niet in de Jordaan gelegen is de kerk wel onlosmakelijk met dit stadsdeel verbonden. De toren is vanaf praktisch elk punt in de Jordaan te zien en figureert in vele Jordaanliederen en verhalen. De Westerkerk was indertijd het grootste calvinistische kerkgebouw ter wereld. In 1619 werd begonnen met de bouw naar een ontwerp van Hendrik de Keyser. Zijn zoon Pieter de Keyser voltooide het gebouw in 1631. Met deze kerk bracht De Keyser middeleeuwse en klassieke componenten met elkaar in balans. De toren is met 85 meter de hoogste van de stad en wordt bekroond met de keizerskroon (zie kader p. 108). Tot aan de eerste balustrade is de toren van baksteen en tot aan de klok van

Uitzicht op de Westerkerk.

natuursteen, daarboven is alles van hout. Het hout is bekleed met lood, zodat het vanaf straatniveau lijkt of de spits geheel uit natuursteen is opgetrokken. Een volledig stenen opbouw zou te zwaar worden voor de slappe bodem. Het hardnekkige verhaal dat kerk en toren op koeiehuiden zijn gebouwd is een mythe, het staat stevig gefundeerd op palen, zoals de rest van Amsterdam.
In de kerk bevindt zich een gedenkteken met de tekst: 'Hier ligt begraven Rembrandt Harmensz van Rijn.' Dit is niet helemaal waar. Rembrandt werd weliswaar in 1669 in de Westerkerk begraven, maar zijn huurgraf werd na twintig jaar geruimd. Tijdens zijn

leven bezat hij een graf in de Oude Kerk nabij zijn eerste vrouw Saskia, maar dat heeft hij in 1662 wegens geldgebrek moeten verkopen. Zijn laatste woonadres was niet ver hier vandaan aan het einde van de Rozengracht.

Bloemgracht

6 Het pand op de hoek Prinsengracht-Bloemgracht is in een uitzonderlijk scherpe hoek gebouwd. Hieraan is duidelijk te zien dat het stratenpatroon van de Jordaan op geen enkele wijze aansluit op dat van de grachtengordel. De plattegrond van de Jordaan volgt het patroon van de oorspronkelijke agrarische verkaveling. Dat was een stuk goedkoper dan de sloten te dempen en nieuwe grachten te graven, zoals bij de grachtengordel gebeurde. De Jordaan werd ook niet opgehoogd met zand, wat nog steeds merkbaar is als we de Bloemgracht oplopen: er is een duidelijk hoogteverschil.
De Bloemgracht wordt ook wel de 'Herengracht van de Jordaan' genoemd. Joan Blaeu,

De gevelsteen van de Bibliotheca Philosophica Hermetica toont een pelikaan die haar jongen voedt met haar eigen bloed omringd door een slang die in zijn eigen staart bijt.

de beroemde kaartenmaker van de VOC, bezat er een drukkerij en Rembrandt een atelier. Aan de linkerkant op de nummers 31-35 bevindt zich de Bibliotheca Philosophica Hermetica, een privé-collectie van bijzondere boeken over esoterische onderwerpen, toegankelijk voor belangstellenden. Er zijn boeken bij uit de vijftiende eeuw, waaronder de eerste geïllustreerde editie van Dantes *Divina Commedia*. De collectie is verdeeld over verschillende panden, de entree is aan de Bloemstraat 15.

Egelantiersgracht, Sint-Andrieshofje

❼ De deur van Egelantiersgracht 105-141 is meestal gesloten, maar overdag niet op slot. U bent vrij om naar binnen te stappen en een kijkje te nemen, mits u rekening houdt met

Het oudste charitatieve hofje van de Jordaan.

de rust van de bewoners. Een helder blauw betegelde gang leidt naar de binnenplaats en kijkt uit op de achttiende-eeuwse waterpomp. Het Sint-Andrieshofje, gesticht in 1614, is het oudste hofje van de Jordaan. Het testament van een rijke veehouder heeft bepaald dat dit hofje moest worden gebouwd voor 'al sulcke eerlicke arme persoonen'. In dit geval waren dat rooms-katholieke weduwen.

Anslo's hofje

8 Op nummer 38-52 in de Egelantierstraat zien we het familiewapen van Claes Claesz Anslo, die in 1616 Anslo's Hofje stichtte. Het poortje rechts van nummer 26 geeft toegang. Het eerste binnenplaatsje na de poort is het oude Claes Claeszhofje. De doopsgezinde

lakenhandelaar Anslo had in een tuin achter de Egelantierstraat drie huisjes, waar hij vanaf 1616 oude mensen gratis liet wonen. Na zijn dood in 1632 bleven zijn nakomelingen nog lang huisbaas van het hofje. Links ziet u een gangetje dat uitkomt bij de ingang van het oude Anslo's Hofje. Hier ziet u nog de

authentieke 'secreten' (toiletten). Tussen de toiletdeuren bevindt zich de pomp: een fonteintje met een leeuwenmasker. De kleine huisjes worden tegenwoordig bewoond door studenten en alleenstaanden.

Hoek Tuinstraat en Tweede Anjeliersdwarsstraat

9 Dat zelfs Amsterdammers in de Jordaan weleens verdwalen kan ook te maken hebben met logica van de straatnamen. Op deze straathoek zien we dat de Eerste Tuindwarsstraat bij het passeren van de Anjeliersstraat verandert in de Eerste Anjeliersdwarsstraat. Elke keer als een dwarsstraat een hoofdstraat of gracht kruist neemt deze de naam over van de hoofdstraat. Als je de Eerste Anjeliersdwarsstraat verder uitloopt in willekeurig welke richting, merk je dat deze nog een paar keer van naam verandert. De dwarsstraten die zich op dezelfde hoogte bevinden worden genummerd, tellend vanaf de Prinsengracht. Zo ontstaat er een Eerste, Tweede en soms ook Derde dwarsstraat. Omdat de begrenzing van de Jordaan niet haaks op het stratenplan aansluit kan het gebeuren dat de Eerste Lindendwarsstraat overgaat in de Tweede Goudsbloemdwarsstraat. Tot de aanleg van de Jordaan kregen straten op spontane wijze hun naam. De Kerkstraat omdat deze naar de kerk leidde of de Bakkersstraat omdat er bakkerijen zaten. De volksmond bepaalde wat het zou worden. De Jordaan is de eerste stadswijk van Nederland waarbij systematisch van hogerhand namen werden toegekend aan de straten. Het stadsbestuur besloot, om onbekende redenen, dat dit bloemen- en bomennamen moesten

De Tweede Anjellersdwarsstraat. De straatnamen in de Jordaan kunnen voor verwarring zorgen.

Waarom Jordaan?

Over de herkomst van de naam Jordaan doen verschillende verhalen de ronde. Twee daarvan komen voort uit de Franstaligheid van de eerste bewoners. De vele Franse immigranten die zich in de Jordaan vestigden zouden de wijk hebben aangeduid met 'Jardin' (tuin) vanwege de bloemennamen van de straten. Ook wordt wel beweerd dat de naam Jordaan afkomstig zou zijn van de 'Jordanne', een riviertje in Zuid-Frankrijk, waar veel immigranten vandaan kwamen. De meeste historici houden het tegenwoordig op de verklaring dat de wijk de bijnaam van de Prinsengracht heeft overgenomen. In 1716 werd voor het eerst de naam van de bijbelse rivier de Jordaan gebruikt als bijnaam voor de Prinsengracht. Mogelijkerwijs kreeg de Prinsengracht die naam omdat doopsgezinden er hun nieuwe gelovigen in doopten zoals Johannes de Doper dat deed in de Jordaan. In ieder geval werd na enige tijd met Jordaan steeds vaker de achterliggende buurt aangeduid. Eerst 'de buurt achter de Jordaan', later kortweg 'Jordaan'. Geografisch correcter zou het dus zijn om de wijk ten westen van de Prinsengracht aan te duiden met 'Westelijke Jordaanoever'.

worden. Maar er zijn ook uitzonderingen. De Looiersgracht, in de zuidelijke Jordaan, werd vernoemd naar een bedrijfstak. De penetrante stank van de aldaar gevestigde leerlooierijen was natuurlijk moeilijk te rijmen met bloemennamen.

Westerstraat

10 De Westerstraat heette oorspronkelijk Anjeliersgracht en werd gedempt in 1861. Plannen uit 2003 om de straat weer tot gracht te transformeren gaan voorlopig niet door wegens gebrek aan draagvlak in de buurt. De kosten van de operatie waren geraamd op ongeveer 10 miljoen euro. Op nummer 215-295 staan de verantwoorde

Eén van de vele gelegenheden in de Jordaan om de wandeling te onderbreken.

arbeiderswoningen van bouwmaatschappij Concordia. De bouwmaatschappij Concordia behoorde tot de eersten die iets aan de slechte volkshuisvesting van de Jordaan wilden doen. De vereniging werd gesticht door filantropisch ingestelde rijke particulieren. Sociale

woningbouw was tot de Woningwet van 1902 geen overheidstaak. In feite bouwde Concordia voort op de traditie van particuliere charitatieve hofjes die de Jordaan al sinds het begin van de zeventiende eeuw kent.

Karthuizerhofje

11 De eerste poort rechts in de Karthuizerstraat geeft toegang tot het Karthuizerhofje. Dit 'Huys-zitten Weduwenhof' werd gebouwd in 1650 in opdracht van de huiszittenmeesters. Deze katholieke instelling zorgde voor arme parochianen die buiten hun schuld niet meer in eigen onderhoud konden voorzien. In de praktijk waren dat vooral weduwen. Er waren veel weduwen in zeventiende-eeuws Amsterdam. Van de mannen op zee kwamen velen nooit terug. Weduwen die geen gebruik konden maken van een charitatieve instelling als het Karthuizerhofje waren voor hun onderhoud al snel op de prostitutie aangewezen. De hofjes waren dus ook een middel om een alternatief te bieden. De gevelsteen boven de poort in de binnenplaats toont het stadszegel: een kogge met twee mannen en een hond ter herinnering

Het schilderachtige Karthuizerhofje met de twee waterpompen.

aan de ontstaanslegende van Amsterdam (p. 10).

Karthuizerplantsoen

⑫ Het Karthuizerplantsoen ontleent zijn naam net als de straat en het hofje aan het voormalige, hier gevestigde Karthuizerklooster. Dit klooster stond er al in 1392, lang voordat de Jordaan werd aangelegd, en lag toen buiten de stadsmuren. Het was een rijk klooster. Keizer Karel V heeft er enige tijd verbleven. Die rijkdom riep weerstand op, zeker tijdens de Tachtigjarige Oorlog. De geuzen maakten het complex in 1577 vrijwel met de grond gelijk. De binnenplaats van het klooster ging sinds de aanleg van de Jordaan dienst doen als begraafplaats en werd in 1889 een speelplaats. De spelende kinderen hebben gelukkig geen besef van de laag botten en schedels die er nog altijd in de grond zitten.

Lindengracht

⑬ De Lindengracht, gedempt in 1895, wordt sinds 1910 gebruikt voor de bekende zaterdagmarkt. In 1886 ontstond op de Lindengracht het Palingoproer. Een spelletje 'palingtrekken' werd door de politie verboden en dit leidde tot een rel. De rel werd een oproer dat drie dagen aanhield en waarbij 26 slachtoffers vielen (p. 108).
Op de nummers 206-220 bevindt zich bijzondere filantropische woningbouw. Arbeiders die zich hier vestigden konden op de begane grond een eigen bedrijf gaan voeren. Op de gevel worden de beroepen uit de bouwsector opgesomd: metselaar, timmerman, schilder, smid, stukadoor, etc.

Willemsstraat

⑭ De Goudsbloemgracht werd na de demping in 1857 omgedoopt tot Willemsstraat, naar Koning Willem I. Behalve socialisten woonden er in de Jordaan ook veel vurige Oranjeklanten. Uit de Willemsstraat stamt het plan om koningin Wilhelmina bij haar inhuldiging in 1898 een gouden koets aan te bieden. Voor dat doel werd veel geld ingezameld, waarvan een deel werd bijgedragen door de arme Jordaanbewoners. Een bijna onbegrijpelijke daad als we bedenken onder welke omstandigheden de meeste Jordanezen toen leefden. De Jordaan was in de negentiende eeuw een bouwvallige arbeiderswijk met veel te veel inwoners en veel te weinig sanitaire voorzieningen. Alle hoeken en gaten werden verhuurd, ook vochtige kelders, tochtige zolders en haastig getimmerde schuurtjes op binnenplaatsen. De kroon spande een pand in de Willemsstraat, dat niet minder dan zestien verschillende woningen herbergde.
Niet alleen liberale filantropen en socialisten trokken zich het lot van de arbeider aan; ook de kerk had daarin een aandeel. Op de nummers 31-34 bevindt zich het gebouw van de 'Vereniging tot Heil des Volks', die christelijk-filantropisch werk deed. De vereniging werd gesticht door de doopsgezinde dominee Jan de Liefde. In februari 1849 verhuisde hij naar Amsterdam, waar hij — getroffen door de geestelijke en materiële nood van de Jordanezen — evangeliewerk begon 'met een turf onder zijn ene arm en een Bijbel onder de andere.'

Pakhuis en woonschip aan de Brouwersgracht.

Brouwersgracht

15 De Brouwersgracht ontleent zijn naam aan de vele brouwerijen die er gevestigd waren. Aan de overkant vormen de enorme pakhuizen een prachtig aaneengesloten geheel. Tegenwoordig dienen zij als woon- of werkruimte en zijn de luiken permanent geopend, terwijl ze vroeger meestal gesloten waren. Brouwers in Amsterdam maakten tot in de vijftiende eeuw gewoon gebruik van grachtenwater voor het brouwen. Toen dat ondrinkbaar werd ging men over op geïmporteerd water uit de Vecht bij Utrecht. In grote platte schuiten werd het aangevoerd. Bij langdurige vorst stokte de aanvoer, wat leidde tot ernstige watertekorten. In 1853 was achter de Brouwersgracht op het Haarlemmerplein voor het eerst schoon leidingwater uit de duinen beschikbaar, voor één cent per emmer. Jacob van Lennep, oprichter van de Duinwater-Maatschappij, maakte hiermee van Amsterdam de eerste stad in Nederland met een waterleiding.

Lindengracht, hoek Brouwersgracht

16 Aan het begin van de Lindengracht staat het standbeeld van Theo Thijssen [1879-1943]. Theo Thijssen was een sociaal bewogen schrijver, onderwijzer en politicus voor de SDAP. Hij besteedde veel aandacht aan de leerling als individu – een vrij nieuwe benadering in zijn tijd. Zijn bekendste boek is *Kees de Jongen* uit 1923. Het speelt zich af in de Jordaan rond 1890. In de zomer van 2003 werd het boek verfilmd. De buitenopnamen zijn zoveel mogelijk in de Jordaan gemaakt. Thijssens geboortehuis aan de Eerste Lelie-

*Het standbeeld van Theo Thijssen wordt op zater-
dag omringd door marktkramen.*

demie. Tegenwoordig is het plein in gebruik
als marktplein: op maandag is er een antiek-
en rommelmarkt en op zaterdag een biologi-
sche markt.
Voor de ingang van de Noorderkerk staat een
monument dat herinnert aan het Jordaan-

dwarsstraat 16 werd in 1995 tot museum
getransformeerd.
Overigens heeft de Jordaan nóg een beroemde onderwijzer voortgebracht, Jan Ligthart
[1859-1916]. Hij kreeg bekendheid als de
schrijver van verhalen over Ot en Sien en in
1906 – samen met Cornelis Jetses – als de
ontwerper van het leesplankje Aap, noot,
mies.

*De Noorderkerk werd gebouwd in de vorm van een
Grieks kruis.*

Noordermarkt

17 Op verzoek van de bewoners kreeg ook
het noordelijk deel van de Jordaan een eigen
kerk. De Westerkerk was te ver weg en meer
bestemd voor de elite. Vanaf 1620 verrees in
een recordtijd van drie jaar de Noorderkerk.
De kerk werd gebouwd in de vorm van een
Grieks kruis in combinatie met een achthoek.
Deze vorm sloot beter aan bij de protestantse
eredienst, waarin de preek en dus de preek-
stoel centraal staat. Het interieur is sober en
ingetogen. Zelfs orgelspel beschouwden deze
calvinisten aanvankelijk als een ongepaste
frivoliteit. Pas in 1849 werd er een orgel
geplaatst. Het Noorderkerkhof, rond de kerk,
werd in 1688 geruimd vanwege een pestepi-

oproer van 1934 (p. 109). Ook de Februaristaking van 1941 (p. 113) begon op de Noordermarkt. Daaraan herinnert de plaquette in de
muur van het kerkgebouw aan de zijde van
de Prinsengracht.

Papeneiland

18 Vanaf de brug op de hoek Prinsen- en
Brouwersgracht heeft u een prachtig uitzicht
op zowel de Noorder- als de Westerkerk. Het
hoekpand met de dubbele trapgevel is een
van de bekendste *photo opportunities* van
Amsterdam. Er zijn nauwelijks ansichtkaarten
verkrijgbaar waar het pand niet op staat. Het
werd gebouwd in 1641 en staat sinds 1774
bekend als het 'Papeneiland', waarschijnlijk

Café het 'Papeneiland' met de kenmerkende dubbele trapgevel.

een verwijzing naar de katholieke schuilkerk De Posthoorn op Prinsengracht 7. Hoewel er pas sinds 1896 een café is gevestigd is, ademt het interieur de sfeer van het zeventiende-eeuwse Amsterdam.

Volg voor een mooie wandeling terug naar het centrum of Centraal Station de Brouwersgracht. Vlakbij bevindt zich ook de Haarlemmerstraat met veel leuke winkels en horeca (zie kaart).

Het Jordaangevoel

De Jordaan en het levenslied zijn onlosmakelijk met elkaar verbonden. Het levenslied ontstond op het toneel waar artiesten lief en leed van de arme volksbuurt bezongen. De jaren vijftig waren het hoogtepunt van het Jordaanlied met artiesten als Johnny Jordaan, Tante Leen en Willy Alberti. Zij zongen vol weemoed over de buurt waar ze geboren en getogen waren. Zelfs niet-Jordanezen, zoals de Rotterdammer Louis Davids, schreven Jordaanrepertoire. De Jordaan werd synoniem met deze muziek en met het gevoel dat daarbij hoorde: een gevoel van saamhorigheid en vrolijkheid tegen de verdrukking in.

'We voelen ons verbonden met elkander,
Want zit je in de zorgen of in de ratsmodee
Dan helpt de een zoveel ie kan de ander
Zo zijn de Jordanezen, ze leven met je mee'

Voor een ontmoeting met de artiesten van het Jordaanse levenslied is het Johnny Jordaanplein ingericht.

aldus Johnny Jordaan in het lied *Bij ons in de Jordaan*. De solidariteit in de Jordaan was inderdaad opvallend groot. Maar het Jordaangevoel werd door de populaire levensliederen natuurlijk ook geromantiseerd. Dat ondervond Johnny zelf toen bekend werd dat hij homofiel was, in een tijd waarin dat nog niet maatschappelijk geaccepteerd werd. Toen was het met de solidariteit snel gedaan. Voor een ontmoeting met de artiesten van weleer is het Johnny Jordaanplein ingericht, op de kop van de Elandsgracht.

Rebellie en socialisme

Het Palingoproer [1886], het Aardappeloproer [1917], het Jordaanoproer [1934], de Februarista-king [1941] en de krakersrellen van de jaren tachtig: Amsterdam heeft niet alleen een reputatie als tolerante stad van vrijheid, blijheid, maar kent bij tijd en wijle ook een grimmige keerzijde. Amster-dammers zijn lastig, opstandig en eigenwijs en hebben een aangeboren behoefte aan inspraak en debat. In andere woorden: het zijn branieschoppers met kapsones. Vooral volkswijk de Jordaan had die reputatie. Daar begonnen de meeste opstanden en daar werden ook de meeste pogingen gedaan om iets aan de oorzaken ervan te doen. Zowel de sociale woningbouw als het maatschap-pelijk werk vinden er hun oorsprong.

Eind negentiende eeuw woonden in de Jor-daan ongeveer 83.000 mensen – bijna 16% van de Amsterdamse bevolking – op een totaal van zo'n 16.000 woningen. Bijeen gepropt woonden ze aan stinkende grachten, stegen en honderden gangen. De meeste gangen zijn verdwenen. In het boek *De Jor-daan* uit 1912 beschrijft Israël Querido zo'n gang: 'Als een verdonkerd en in groezelige schaduw versomberd pad schroefde zich, de Wijde gang van de Willemsstraat naar de Palmstraat. De rottende huizenblokken leken door een wervelwind scheef gewaaid en op elkaars molmend muursteen verzakt. In deze kronkel waren nog meer dan honderd men-sen, gezinnen met kroost, bijeengekropen, vergaand in hun eigen nooit beredderd vuil. Er klonk in dit afzichtelijke hol, waar de schepsels elkaars zure adem opzogen en op elkaars tronies leefden, een voortdurend hees gereutel van afgematte dronkaards, geschreeuw van afgeranselde, verwaarloosde kinderen en gekrijs van gekrenkte, vechtlus-tige vrouwen...'
Hij beschrijft dramatische omstandigheden, veroorzaakt door werkloosheid, alcohol en

Impressie van de Jordaan in de negentiende eeuw.

gebrekkige hygiëne. Niet voor niks zei Multa-tuli in 1870 dat 'driekwart van de Amster-dammers slechter is gehuisvest dan een Noordhollandse koe zou verdragen'. De krot-ten in de Jordaan noemde hij 'vuistslagen in het gezicht der beschaving'. Hij raadde zijn publiek aan de preek van een Luthers predi-kant te lezen. Dat was een indrukwekkend

Stad onder de keizerskroon

Op verschillende plaatsen in Amsterdam kan men de keizerskroon van het Heilige Roomse Rijk aantreffen. In gevelstenen, op sommige gaslantaarns en prominent op de Westertoren. Een vreemde verschijning voor een protestantse stad, waar men nooit veel moest hebben van koningen of keizers. Het is dan ook geen symbool van ontzag of onderwerping, maar een soort economisch keurmerk. In 1489 kreeg de nog kleine handelsstad het recht boven het wapen met de drie kruizen de keizerskroon van het Heilige Roomse Rijk te voeren. De landsheer, Maximiliaan van Oostenrijk, verleende Amsterdam dat recht als dank voor de financiële steun die de stad hem had verleend. Een teken van grote begunstiging boven de andere steden. Het bewijs van keizerlijke bescherming was voor de Amsterdamse kooplieden in het buitenland een gewichtige aanbeveling. De kroon werd ook gevoerd op schepen en zorgde ervoor dat poorten en havens makkelijker open gingen. Ook toen Amsterdam in de zestiende eeuw een republikeins en protestants bolwerk werd, hield men de keizerskroon in ere. Het is deze kroon die nog steeds op de Westertoren staat.

pleidooi zonder één bijbeltekst, maar met aanbevelingen voor goed drinkwater en voedsel, goede woningen en onderwijs voor iedereen. Die predikant heette Ferdinand Domela Nieuwenhuis [1846-1919]. Domela Nieuwenhuis brak in 1879 met de kerk en richtte de Sociaal-Democratische Bond (SDB) op, waaruit later politieke partijen als de SDAP (nu PvdA) en de Communistische Partij Nederland (CPN, later opgegaan in Groen Links) zouden voortkomen. De SDB hield grote vergaderingen in de Jordaan en omgeving waar duizenden belangstellenden op af kwamen. In het bulletin *Recht voor allen* stonden regelmatig opruiende artikelen en op het Paleis op de Dam werd met grote

letters 'Te huur' gekalkt. Domela Nieuwenhuis correspondeerde met Marx en Engels over de revolutie en wat daarna gedaan moest worden. Genoeg redenen voor het stadsbestuur om nerveus te worden. In deze gespannen sfeer ontstond in 1886 het Palingoproer.

Het Palingoproer

De rellen begonnen toen de politie ingreep tijdens een spelletje palingtrekken op de Lindengracht. Bij het palingtrekken probeerden mannen vanuit een bootje een glibberige, levende paling van een koord te trekken dat over de gracht gespannen was. Het spel werd als wreed volksvermaak gezien en was verboden. Toen de politie het koord doorsneed sloeg de vlam in de pan. Politieagenten werden de buurt uitgejaagd en in hun eigen bureau belegerd. De volgende dag werd het leger ingezet. Verschillende straten waren gebarricadeerd en het regende huisraad op soldaten en politie. Die reageerden met geweld, er werd met scherp geschoten en er vielen 26 doden. De Jordaan kwam op de voorpagina's in heel Europa. Er werd ook vanaf een barricade met een rode vlag gezwaaid. De vlagzwaaier heeft het niet overleefd. Het Palingoproer was een typisch voorbeeld van een zogenaamde *police riot*. Een geweldsuitbarsting die vooral het gevolg is van tactloos politieoptreden.

Tijdens het oproer kreeg het stadsbestuur de indruk dat er in de Jordaan een revolutie was uitgebroken. De vraag was dan ook waar Domela Nieuwenhuis uithing. Stond hij op de barricades om de revolutie te leiden? Dat bleek niet het geval te zijn, Nieuwenhuis was die dag al vroeg naar Haarlem vertrokken en wist van niets. De burgemeester bleef echter volhouden dat Domela achter de opstand zat, in een poging de socialisten de schuld te kunnen geven. In werkelijkheid wilde men in de Jordaan niets anders dan een hoog opgelopen rekening met de politie vereffenen en had de rebellie weinig met politiek te doen. Zelfs de rode vlaggen hadden daar weinig mee te maken. Die waren nu eenmaal erg geschikt om het gezag uit te dagen.

Later keerde Domela Nieuwenhuis het socialisme de rug toe. In 1910 publiceerde hij zijn memoires: *Van Christen tot Anarchist*. In 1919 overleed hij en werd onder massale belangstelling begraven. In 1931 werd op het Nas-sauplein zijn standbeeld onthuld – het meest communistische standbeeld van Nederland. In Oost-Europa zijn dit soort standbeelden sinds 1990 op grote schaal uit het straatbeeld verdwenen, maar in Amsterdam staat nog altijd Domela Nieuwenhuis in een strijdvaardige pose, met de vuist geheven.

Aardappeloproer en Jordaanoproer

De Jordaan was vaker toneel van opstanden. Tijdens de Eerste Wereldoorlog ontstonden er grote voedseltekorten in de stad. In juni 1917 werd bekend dat er in de Prinsengracht een aardappelschip lag afgemeerd. Het schip

De Boldootwagen

De Jordaan werd pas in de jaren dertig volledig op het riool- en waterleidingnetwerk aangesloten. Vanaf 1850 werden veel grachten in de Jordaan gedempt, ook om hygiënische redenen. Ze fungeerden als open riolen waardoor er regelmatig besmettelijke ziekten uitbraken. In 1882 werd de beerwagen ingezet als wapen in de strijd tegen de slechte hygiëne. Een kar met paard ervoor die dagelijks de uitwerpselen kwam ophalen. Bewoners zetten de houten tonnen aan de straat, en de koetsier leegde ze. Hij rookte permanent een pijp tegen de stank en Jordanezen noemden de kar al gauw 'Boldootwagen' naar een bekend merk parfum. De Boldootwagen bleef dienst doen tot 1934, toen de riolering het werk overnam.

'Het licht is vrij, de lucht is vrij en dat het ook de aarde zij, daar moeten wij naar streven', Ferdinand Domela Nieuwenhuis.

werd geplunderd en de Jordaanse huisvrouwen renden met schorten vol aardappels naar huis. Toen ook pakhuizen en winkels eraan moesten geloven werd het leger ingezet. Er vielen negen doden. In de crisisjaren was het opnieuw raak. In 1934 wordt de wekelijkse steunuitkering van twaalf gulden

met 10% verlaagd. Dat kwam hard aan in een wijk waar hele straten werkloos waren en er brak oproer uit. Voor het eerst werden er pantserwagens ingezet om de orde te herstellen. Er vielen vijf doden. Naar aanleiding van het Jordaanoproer werd een speciale politie-eenheid opgericht ter bestrijding van oproer: de Mobiele Eenheid (ME). Premier Colijn besloot ook de Jordaan te laten asfalteren: dan konden die Jordanezen geen stoeptegels meer uit de grond trekken om naar de politie te gooien. Het asfalt is inmiddels weer verdwenen maar bij de Noorderkerk staat nog een monument dat herinnert aan het Jordaanoproer.

Rebels Amsterdam

De opstanden in de Jordaan lijken op het eerste gezicht veroorzaakt te zijn door armoede, maar het rebelse karakter van de Amster-

Jordaanse vrouwen met de schorten vol gestolen aardappelen, tijdens het Aardappeloproer van 1917.

8 vader, niet meer

Op de Rozengracht zat vroeger de distilleerderij van Lucas Bols, het oudste nog functionerende bedrijf van Nederland, opgericht in 1575. Lucas begon op deze locatie in 1664 met de productie van jenever en later ook allerlei likeuren. Hij zat hier midden in zijn afzetgebied, want de Jordaan kende veel alcoholisme. De socialisten zetten zich eind negentiende eeuw in om de arbeiders uit de kroeg te weren o.a. met behulp van het hier afgebeelde affiche. De tekst erboven luidt: 'Ach! vader niet meer.' Bijdehandte Jordanezen maakten van het uitroepteken een t, zodat er stond: 'Acht vader niet meer.'

dammer zit dieper. Het gaat terug op een diepgeworteld besef dat niemand meer is dan een ander, gecombineerd met een uiterst gering respect voor regels en gezag. In de stad is dat nog dagelijks te merken: in het anarchisme van de fietsers die altijd voorrang menen te hebben, in de behulpzame politieagenten die beseffen dat hun autoriteit beperkt is, in de brutaliteit van de Amsterdamse onderwereld, en in de nooit om een antwoord verlegen zittende kooplui op de markt. Amsterdammers laten zich niet intimideren door fatsoen of standsverschil. Dat betekent ook dat ze niet bekend staan om hun goede manieren en beleefdheid. Om dezelfde reden zijn gelijkheidsbewegingen in Amsterdam altijd erg populair geweest. De patriotten, met hun vrijheid,

gelijkheid en broederschap, grepen al in 1787 de macht in Amsterdam, twee jaar voor de Franse revolutie. De eerste vakbond van Nederland, de ANDB, werd in 1894 in Amsterdam opgericht (p. 139). De socialisten en communisten werden bij de eerste vrije verkiezingen in 1919 meteen de twee grootste partijen van de stad. Tot in de jaren vijftig stond Amsterdam bekend als 'rood bolwerk'. En in de jaren zestig groeide Amsterdam uit tot een wereldwijd vermaard hippie-paradijs (p. 160).

Het rebelse karakter keerde zich soms ook tegen bestuurders van buiten de stad. Het waren burgers die de stad groot en rijk hadden gemaakt. Een stadhouder, koning of minister moest dus niet denken dat die het beter wist. Regelmatig lag Amsterdam over-

Wakker zonder wekker

'Aagje slaapie nog, kom op de proppe, Trijntje gaapie nog, laat me zoo lang nie kloppe.' Met dit lied zong Manus de Porder zijn klanten wakker terwijl hij ritmisch op de deur roffelde. Een 'porder' werd door veel Jordanezen ingehuurd om ze op tijd uit bed en op de fabriek of in de haven te krijgen. De porders en porsters gingen langs de deuren van hun klanten en maakten ze op een afgesproken tijdstip wakker. Met een stok trommelden ze op deuren en ramen net zolang tot de klant een slaperig hoofd naar buiten stak. Van sommige notoire langslapers had de porder zelfs een sleutel op zak, zodat hij ze desnoods persoonlijk uit hun bed kon halen. Een porder kostte in 1907 zo'n 20 cent per week en was uiteindelijk veel duurder dan een wekker. Toch gaf men de voorkeur aan een porder, in apparaten had men te weinig vertrouwen. Als je 's winters om vijf uur je bed uit moest dan was het bovendien een troost als iemand anders nog eerder had moeten opstaan om jouw te komen wekken. De porders werden zelf ook weer gewekt door een porder die al om één uur aan zijn dienst begon. Het beroep ging mede aan het eigen succes ten onder. Het wekken van één klant had meestal tot gevolg dat de rest van de straat ook klaarwakker was. Als in de jaren vijftig goedkope wekkers op de markt verschijnen, komt er een definitief einde aan de bedrijfstak.

hoop met het Oranjehuis of het parlement. In 1650 werd de stad zelfs belegerd door de Oranje stadhouder Willem II. Pijnlijk duidelijk werd het ook bij de inhuldiging van Beatrix in 1980 (p. 93).

Jordaan nu

Aan de schrijnende armoede van weleer is in de Jordaan definitief een einde gekomen. De wijk ontsnapte in de jaren zeventig ternau-

wernood aan sloop- en vernieuwingsdrift. Sindsdien zijn veel huizen opgeknapt of afgebroken, maar met behoud van het oorspronkelijke stratenplan. Tussen de huizen werd ruimte gemaakt voor speelplaatsen. De oorspronkelijke bewoners zijn veelal vertrokken naar tuindorpen of gemeenten als Almere of Purmerend. Daarvoor in de plaats kwamen studenten, kunstenaars en later yuppen. Oproer valt er niet meer te verwachten, de bewoners zijn meestal welgesteld en hebben weinig reden tot klagen. Tegenwoordig staan in de Jordaan zo'n 8.000 huizen en telt de wijk ongeveer 14.000 inwoners.

Piet Nak

"Ik ken geen Palestijnen, ik ken geen joden, ik ken geen negers, ik ken alleen de mensheid", aldus Piet Nak [1906-1996]. Vuilnisman en Jordanees Nak kreeg bekendheid als een van de initiatiefnemers van de Februaristaking van 1941. Uit verontwaardiging over de eerste razzia's, waarbij zo'n 400 joodse mannen bijeen werden geranseld en afgevoerd, besloot Nak, met collega Willem Kraan, tot staking op te roepen.

Piet Nak tijdens een televisie-uitzending van de BBC.

Ook de – in die tijd illegale – CPN werd bij de organisatie betrokken. Op dinsdag 25 februari 1941 werd massaal aan de oproep gehoor gegeven. De staking breidde zich in de loop van de dag uit en sloeg over naar omliggende gemeentes. De communistische aanstichters waren door het succes overdonderd en verloren de greep op het verloop van de actie volkomen. Ook de nazi's werden door de gebeurtenissen verrast. Op 26 februari kondigden zij de staat van beleg af en werd de staking in geweld gesmoord. Er vonden arrestaties plaats waarbij negen doden vielen. Ook Nak werd op de tweede stakingsdag opgepakt. Nadat hij was verhoord en verschrikkelijk mishandeld, lieten de nazi's hem na enkele dagen vrij, niet beseffend dat hij een van de aanstichters was. Collega Willem Kraan had minder geluk, hij werd in 1942 gefusilleerd. Na de bevrijding begon Nak een tweede carrière als goochelaar en illusionist. Onder de artiestennaam Pietro Nakaro gaf hij voorstellingen tijdens feestelijke bijeenkomsten in het communistische circuit. Tot in Moskou maakte de goochelende vuilnisman carrière. In 1966 werd Nak uitgenodigd in Israël. Voor zijn rol in de Februaristaking ontving hij een onderscheiding van Yad Vashem en een medaille van de stad Jeruzalem. Later kreeg hij bekendheid met zijn protesten tegen het Amerikaanse optreden in Vietnam en de oprichting van het Nationaal Comité Vietnam in 1967. In 1969 kwam Nak opnieuw in het nieuws toen hij zijn aandacht richtte op het lot van de Palestijnen in de door Israël bezette gebieden. Zijn pro-Palestijnse uitspraken wekten de woede van een deel van zijn bewonderaars, die in 1966 nog de reis naar Israël voor hem hadden georganiseerd. Uit protest tegen de positie van de Palestijnen in de bezette gebieden leverde hij begin 1971 zijn Israëlische onderscheidingen weer in.

4 | **Rijke stad**
Grachtengordel

De sikkelvormige grachtengordel is het meest kenmerkende deel van zeventiende-eeuws Amsterdam. In 1613 werd begonnen met de aanleg ervan. Het was het grootste Europese stedenbouwkundige project sinds het Romeinse Rijk. De Heren-, Keizers- en Prinsengracht werden – hoewel de namen anders doen vermoeden – niet gebouwd voor de adel maar voor burgers: vermogende kooplieden en regenten. De verbindingsstraatjes, zoals de Negen Straatjes, werden bestemd voor winkels, herbergen en koetshuizen. Het water was bedoeld voor transport, met name van de goederen die de kooplieden verhandelden.

In twee fasen kwam de stadsuitleg tot stand. Het eerste deel in 1613 van Brouwersgracht tot Leidsegracht, het tweede deel vanaf 1662 tot de Amstel en aan de overzijde daarvan. Hier strandde het enorme project. Vanwege de neergaande economie was er nauwelijks nog belangstelling voor de nieuw ontgonnen

kavels. Het laatste deel werd om die reden bestemd als plantage. Daar bevindt zich nu de dierentuin Artis (p. 138). Aan de grachten zijn nog veel prachtige panden te zien die ons veel vertellen over de rijkdom van de (oorspronkelijke) bewoners.

In 2008 is de complete grachtengordel voorgedragen voor de werelderfgoedlijst van Unesco. De procedure loopt nog. In verschillende grachtenmusea kan de bezoeker een kijkje nemen achter de statige gevels. 'Grachtengordel' is ook de aanduiding, meestal geen positieve, voor een bepaalde mentaliteit. Buitenstaanders spreken smalend over 'de grachtengordel' om de in zichzelf gekeerde kliek van journalisten, kunstenaars en opiniemakers aan te duiden die overal een mening over hebben, maar Amsterdam nooit uitkomen.

Grachtengordel

(3 km, ± 1,5 uur). Aanbevolen tijd: Avondlicht of ochtendlicht.

Een aantal bijzondere grachtenpanden worden in deze wandeling besproken. Wie woonden er, hoe rijk waren de bewoners en waarmee verdienden zij hun fortuin? Ook zijn er prachtige interieurs te bezichtigen. Op de route liggen verschillende musea, zoals het Bijbels museum, het Amsterdams Stadsarchief en het Museum van Loon. De wandeling voert van het 'Huis met de Hoofden' naar het 'Huis met de Bloedvlekken'.

Het huis met de hoofden, Keizersgracht 123

❶ Dit prachtige renaissancehuis werd in 1622 gebouwd door Pieter de Keyser. Rechts van het huis staat een poortje, waarachter een gang naar een koetshuis leidde. Boven het poortje is de kamer voor de koetsier. Aan dit pand is een legende verbonden. De legende vertelt over een dienstmeid die in de keuken van het huis de hoofden van zeven rovers zou hebben afgehakt, dezelfde hoofden die in de gevel zijn weergegeven. In werkelijkheid stellen ze zes Griekse goden voor, waaronder de oorlogsgod Mars. Dat

Het huis van wapenhandelaar en calvinist Lodewijk de Geer.

sluit goed aan bij de bekendste bewoner van het pand: de Waalse wapenhandelaar Lodewijk de Geer [1587-1652]. De Geer was de

Jan Amos Comenius

Wapenhandelaar Lodewijk de Geer was zowel een vrome calvinist als een succesvolle ondernemer. Hij wist voor de buitenwereld een waardige levensstijl te combineren met godvruchtige uitgaven. Zijn 'Huis met de Hoofden' was voorzien van het meest kostbare meubilair, maar ook bestemde hij 10% van zijn vermogen voor de armen en bood hulp aan calvinistische vluchtelingen uit Midden-Europa. Zijn zoon ontfermde zich over de dissident Jan Amos Comenius, de bekende Boheemse pedagoog. Veertien jaar lang leefde deze overtuigde pacifist in het 'Huis met de Hoofden' op de kosten van De Geer, hofleverancier van kruitdampen. Het is niet bekend wat Comenius vond van het imperium van zijn weldoener of wat De Geer vond van Comenius' pacifisme.

Het Bartolottihuis in de bocht van de Herengracht.

wapenleverancier van de protestanten in Duitsland, maar hij leverde ook aan de Hollandse admiraliteit, de VOC, Zweden en Engeland. Bij het uitbreken van de Dertigjarige oorlog in 1618 kon hij de vraag naar wapentuig nauwelijks aan. In hoog tempo moderniseerde hij de Zweedse ijzerindustrie door de introductie van Waalse hoogovens. Door middel van een huwelijk tussen zijn dochter en Jacobus Trip (vader van de gebroeders Louys en Hendrik, p. 52), werd een alliantie gesmeed met de grootste concurrent.

In 1644 leverde Lodewijk zelfs een complete marine van 32 schepen met zeelieden, wapentuig en officieren aan koning Gustaaf van Zweden. In Nörrkoping staat een stand-beeld van hem en zijn huis in Stockholm is thans in gebruik als Nederlandse ambassade. De Geer is nummer vier op de index van de 250 rijksten uit de Gouden Eeuw met een geschat vermogen van 1,5 miljoen gulden. Voor het equivalent in euro's naar de waarde van 2005 dient men dat bedrag met 70 te vermenigvuldigen.

Het Bartolottihuis, Herengracht 168

❷ Het huis Bartolotti werd in een bocht van de gracht gebouwd. Daardoor zit in de gevel twee keer een nauwelijks opvallende knik, met als voordeel dat de achtergevel veel breder is. Het werd in 1620 gebouwd voor Willem van den Heuvel, die dankzij een erfenis van zijn oom uit Bologna schatrijk werd. Voorwaarde voor het ontvangen van de erfenis was dat hij de naam van zijn oom zou aannemen: Guillelmo Bartolotti. Op zijn huis staat echter een andere verantwoording voor de herkomst van zijn rijkdom: links in de gevel staat het opschrift 'Ingenio et Assiduo Labore' (door vernuft en noeste vlijt) en rechts 'Religione et Probitate' (door godsdienst en rechtschapenheid). Als bewindhebber van de WIC en geldschieter van o.a. Frederik Hendrik wist hij zijn vermogen uit te breiden. Op de index van de 250 rijksten uit de Gouden Eeuw bezet hij nummer vijf.

De Leidsegracht vormde tussen 1613 en 1663 de grens van de stad.

Leidsegracht

④ De grachtengordel eindigde aanvankelijk bij de huidige Leidsegracht. Vanaf 1663 werd de grachtengordel uitgebreid. Doordat de drie grachten verder uit elkaar werden gelegd, werden de kavels dieper. De burgemeesters bevorderden tevens de aankoop van dubbele kavels. Door de groeiende rijkdom van de elite werd het steeds meer geaccepteerd om die rijkdom te etaleren. Op de grote, dubbele kavels lieten de rijken hun stadspaleizen bouwen in classicistische stijl, met bordessen, marmeren gangen, bewerkte plafonds, barokke tuinen en fraaie tuinhuizen. In klasse en grandeur overtroffen deze huizen moeiteloos de grachtenpanden in het oude deel van de grachtengordel.

In de prachtige Cromhouthuizen van architect Phillips Vingboons is sinds 1975 het Bijbels Museum gevestigd.

Het Bijbels museum, Herengracht 366-368

③ De collectie van het Bijbels museum bevat o.a. archeologische vondsten, eeuwenoude modellen van de tempel van Salomo, religieuze voorwerpen uit de joodse en christelijke traditie en de eerste gedrukte Nederlandse Bijbel uit 1477. Het pand geeft ook een beeld van de rijk gedecoreerde interieurs uit de zeventiende eeuw.

Warenhuis Metz, Keizersgracht 455

⑤ Het imposante gebouw met het torentje op de hoek van Keizersgracht en Leidsestraat is het warenhuis Metz. De firma begon met Moses Samuel, afkomstig uit het Franse Metz, die zich omstreeks 1740 in de Jodenbreestraat vestigde als handelaar in Franse zijden stoffen en luxe goederen. Sinds 1815 mogen ze zich hofleverancier noemen en in 1908 werd het huidige pand betrokken. De firma staat sinds 1877 bekend onder de naam Metz & Co en gebruikte jarenlang als slogan: 'We are luxury.' Dat is nog steeds te zien aan de collectie en het winkelend publiek. Een prestigieus warenhuis, dat hier in de grachtengordel dus goed op haar plek

Vanaf de bovenste verdieping van warenhuis Metz heeft men een prachtig uitzicht over de grachtengordel.

is. Op de bovenste verdieping is een café-restaurant gevestigd, met een geweldig uitzicht over de daken van de grachtengordel.

John Adams' huis, Keizersgracht 529

6 Op Keizersgracht 529 staat het voormalige huis van John Adams. De Amerikaan Adams kwam in 1780 naar Amsterdam en sloot er een opmerkelijke transactie die leidde tot een oorlog. Hij was op zoek naar politieke en financiële steun voor de jonge Amerikaanse republiek en in Amsterdam regelde hij een geldlening van vijf miljoen gulden. Hiermee kon de onafhankelijkheidsstrijd tegen kolonisator Engeland bekostigd wor-

den. Helaas werd de transactie bij de Engelsen bekend toen zij een Amerikaans schip veroverden, met aan boord belastende documenten. De Britten waren woedend op Nederland en verklaarden de Republiek in 1780 de oorlog. Die oorlog verliep dramatisch. De Amerikanen hadden meer succes in hun strijd tegen Engeland. In 1783 werd de 'Republic of the United States of America' door Groot-Brittannië erkend en waren de dertien staten onafhankelijk. John Adams werd de tweede president, na George Washington. De geschiedenis van de Verenigde Staten begon dus met een staatsschuld.

De Gouden Bocht

7 Aan de gracht wonen betekent status, maar tussen de verschillende grachten bestaat ook nog een standsverschil. De Prinsengracht is de meest volkse, de Keizersgracht een stuk imposanter, maar de Herengracht heeft de meeste klasse. De Gouden Bocht is daarvan weer de overtreffende trap. Vorstelijker kun je in Amsterdam feitelijk niet wonen. In de bocht aan weerszijden van de Nieuwe Spiegelstraat woonden de rijkste Amsterdammers. Nu zetelen er vooral stichtingen, banken, advocaten en investeringsmaatschappijen. Een enkel huis wordt nog bewoond, zoals de burgemeesterswoning op nummer 502.

Op de hoek met de Spiegelstraat bevindt zich het kantoor van strafpleiter Moszkowicz. In het pand rechts van Moszkowicz op nummer 458 was tussen 1927 en 1940 de zaak van de joodse kunsthandelaar Jacques Goudstikker gevestigd. Bij het uitbreken van de oorlog

De Gouden Bocht met aan de overkant de ingang van de Nieuwe Spiegelstraat.

vluchtte Goudstikker met zijn gezin per schip naar Engeland, maar hij verongelukte onderweg door een val in het ruim. Zijn kunstcollectie kwam grotendeels in handen van Hermann Göring, die er twee miljoen gulden voor betaalde. In 2006 heeft Nederland zich akkoord verklaard 202 schilderijen aan de erven Goudstikker terug te geven, waaronder twee landschappen van Salomon van Ruysdael uit het Rijksmuseum.

De Bazel, Vijzelstraat 32

8 De hele linkerzijde van de straat wordt hier in beslag genomen door het monumentale gebouw De Bazel, voormalig hoofdkantoor van de Nederlandsche Handel Maatschappij.

De NHM werd op initiatief van koning Willem I in 1824 opgericht ter bevordering van 'handel, scheepvaart, visserij, landbouw en het fabriekswezen'. De NHM dreef vooral handel in Nederlands-Indië. Uit de activitei-

ten van de Maatschappij is de ABN-bank voortgekomen (nu ABN-AMRO). Het is een bijzonder gebouw waarin de theosofische overtuiging van architect Karel de Bazel is terug te vinden (p. 212).

In 2007 nam het Stadsarchief Amsterdam haar intrek in het gebouw en het is sindsdien dagelijks voor iedereen toegankelijk. De schatkamer in de kelder is een niet te missen hoogtepunt. In de schatkamer is een permanente tentoonstelling te zien van de hoogte-

Het kolossale gebouw de Bazel, een Oosterse tempel aan de Vijzelstraat.

punten uit het stadsarchief. De zware kluis-deuren van de bank zijn nog te zien. Hier kunt u o.a. de oudste vermelding van de naam Amsterdam vinden op een document uit 1275 en de politieaangifte van Anne Frank na de diefstal van haar fiets.

De prachtige klassieke tuin van het Museum Van Loon.

Museum Van Loon, museum Geelvinck

9 Museum Van Loon is gelegen aan de Kei-zersgracht 672-674. Het dubbele grachten-huis dateert uit 1672 en werd gebouwd in opdracht van een Vlaamse koopman. Het linker bewoonde hij zelf en het rechter werd verhuurd. De eerste huurder was de schilder en Rembrandtleerling Ferdinand Bol. Pas in 1884 kwam de familie Van Loon in het pand wonen, een familie met een lange geschie-denis in Amsterdam. Willem van Loon [1537-

1618] was in 1602 een van de oprichters van de VOC. Het interieur is grotendeels intact gebleven en gerestaureerd naar de eind-achttiende-, begin negentiende-eeuwse situatie.

Aan de overkant van de gracht bevinden zich het fotomusuem FOAM (nummer 609) en het Museum Geelvinck Hindeloopen (nummer 633).

Museum Geelvinck Hinlopen Huis is een zeventiende-eeuws grachtenhuis met stijlka-mers en een grote, klassieke tuin die door-loopt tot het statige pand op de Herengracht. De eigenaar Albert Geelvinck [1647-1693] woonde er vanaf 1680 met Sara Hinlopen. Albert was commissaris van de Wisselbank en directeur van de Sociëteit van Suriname. In 1692 liet hij 500 slaven naar Suriname ver-

Rijk versierde schouw in Lodewijk XIV-stijl in het huidige Tassenmuseum.

voeren. Sara Hinlopen was regentes van het Burgerweeshuis in de Kalverstraat (p. 66). Een nobel ambt, dat in onze ogen nogal contrasteert met de slavenhandel van haar man.

Grachtenmusea Herengracht

🔟 Aan de Herengracht 573 is het Tassenmuseum gevestigd in een pand uit 1664. Het museum toont een overzicht van damestassen van de late middeleeuwen tot nu. Ook hier is, behalve de collectie, het interieur de moeite waard. De stijlkamers zijn gedecoreerd met plafondschilderingen en er is een rijk versierde schouw in Lodewijk XIV-stijl te zien.

Museum Willet-Holthuysen, Herengracht 605

Iets verderop bevindt zich het Museum Willet-Holthuysen. Het interieur van dit pand is nog grotendeels in Empire- en Lodewijk XVI-stijl en geeft een goed beeld van het dagelijkse leven van de elite in de negentiende eeuw.

Het huis met de bloedvlekken, Amstel 216

⓫ De wandeling eindigt bij het 'Huis met de Bloedvlekken' aan de Amstel nummer 216. Het pand staat tevens symbool voor het einde van de Gouden Eeuw. Als u de zandstenen gevel goed bekijkt ziet u vage contouren van tekeningen, aangebracht met rode verf: oude schepen, kabbalistische tekens, Hebreeuwse letters en heel vaag de namen 'van Buenige' en 'Jacoba'. We hebben hier te maken met een zeventiende-eeuwse vorm van graffiti. In dit pand woonde de rijke

Zeventiende-eeuwse graffiti op de muur van het Van Beuningenhuis.

koopman Coenraad van Beuningen [1622-1693], zes maal burgemeester van Amsterdam en diplomaat in Engeland, Zweden en Frankrijk (p. 80). Van Beuningen was een van de belangrijkste figuren in de Republiek. Hij trouwde op zijn vierenzestigste met Jacoba Bartolotti, wiens huis we al eerder passeerden (zie 2). Hij kon zich niet vinden in de spilzucht, de lethargie en de corruptie van de nieuwe generatie bestuurders en trok zich terug in zijn huis aan de Amstel. Hij begon te speculeren met VOC-aandelen en hoe meer hij verloor des te zekerder hij was van zijn winst. Zijn slechte huwelijk en zijn verloren vermogen hebben hem tot krankzinnigheid gedreven. Soms liep hij 's nachts razend over straat om de buren te waarschuwen voor het einde der tijden. Op een van deze nachten kalkte hij de mysterieuze boodschappen op zijn gevel. Ze staan er nog steeds. De 'graffiti van de waanzin' is al driehonderd jaar onuitwisbaar gebleken. Op de index van de 250 rijksten komt hij in het geheel niet meer voor. Na zijn dood werden zijn bezittingen geveild, waaronder een portret geschilderd door Rembrandt dat werd getaxeerd op zeven gulden.

Godsvrucht en winstbejag

*De top 10 van de 250 rijksten van de Republiek gedurende de Gouden Eeuw – een studie uitge-
geven door het Rijksmuseum in 2005 – bestaat voor de helft uit Amsterdammers. Amsterdam ontwikkelde zich in de zeventiende eeuw in korte tijd tot de kapitaalkrachtigste stad ter wereld. In
sommige opzichten vergelijkbaar met de onstuimige groei van het Shanghai of Dubai van de eenentwintigste eeuw. Die rijkdom werd ook getoond, zoals op de grachtengordel is te zien. Tegelijkertijd
werden soberheid en zuinigheid in het calvinistische Amsterdam algemeen beschouwd als deugd-
zaam. Hoe gingen die Amsterdammers om met dit dilemma?*

Het geld en de moraal, het calvinisme en het
kapitalisme stonden op gespannen voet met
elkaar. In heel de Republiek waarschuwden
de dominees voor de goddeloosheid van spilzucht en de verleidingen van het gouden
kalf. De Nederlandse calvinistische synoden
deden hun uiterste best hun afkeuring te
laten blijken. Door een besluit uit 1581 werden bankiers zelfs uitgesloten van de Avond-
maalsviering, het belangrijkste ritueel in de
protestantse kerkdienst. Daarmee kwamen
ze op gelijke voet te staan met acteurs,
kwakzalvers en bordeelhouders. Hun vrouwen mochten alleen deelnemen aan het
avondmaal als ze het beroep van hun echt-
genoten publiekelijk afkeurden. Pas in 1658
konden de Staten van Holland de kerk overhalen dit vernederende verbod op te heffen.
De kritiek van de kerk richtte zich niet alleen
op het bezitten van teveel geld maar ook op
immorele manieren van geld verdienen,
zoals woeker en windhandel.
Het sterke besef dat geld verdienen afkeu-
renswaardig was, bleef bestaan ook al ver-
gaarden de kooplieden ondertussen een fortuin. In de panden aan de grachtengordel is
het morele dilemma letterlijk zichtbaar. Tra-

*De beurs van architect Hendrik de Keyser stond op
het huidige Rokin en vormde het centrum van de
Amsterdamse handel in de Gouden Eeuw.*

ditioneel is in Amsterdam de smalste maat
van een huis aan de straatkant te zien i.t.t.
de patriciërshuizen in bijvoorbeeld Venetië,
waar het gebruikelijk was de breedste kant
te tonen aan de straat. Voor de bouw van
dure huizen werd bepaald dat slechts een
maximum front van tien meter breed was
toegestaan, tegenover een diepte van maximaal 60 meter. Er bestonden natuurlijk talloze mogelijkheden om deze beperkingen te
omzeilen. Bijvoorbeeld gezamenlijk een huis
laten bouwen zoals de gebroeders Trip deden
(p. 52). Of de architect Phillips Vingboons in
de arm nemen die zich had gespecialiseerd in

het bouwen van trapeziumvormige huizen waarbij de huizen naar achteren toe breed uitwaaierden, soms in beide richtingen. Ook maakte men gebruik van optisch bedrog om de huizen grootser en imposanter te laten lijken. Door de ramen op elke verdieping iets kleiner te maken, werd het perspectief overdreven en leek het pand vanaf straatniveau hoger dan in werkelijkheid.

Om de rijkdom toch te kunnen tonen, zonder door de kerk veroordeeld te worden, was het zaak aan de buitenwereld verantwoording af te leggen voor de herkomst ervan. Dit is zichtbaar in de gevel van het Bartolottihuis, waar nadrukkelijk staat vermeld dat het fortuin van de bewoner werd vergaard door 'noeste vlijt en rechtschapenheid'. En de familie Trip maakte via haar lijfspreuk 'Ex Bello Pax' duidelijk dat men wapens verkocht om de vrede te dienen en niet de oorlog. Toch pleitte Louys Trip als burgemeester in 1674 voor voortzetting van de oorlog met Frankrijk. De buitenwereld moest de indruk krijgen dat de rijkdom het gevolg was van

Windhandel

Op de Amsterdamse beurs werd het na verloop van tijd de gewoonte om aandelen aan te bieden die nog niet in het bezit van de verkoper of nog niet betaald waren, ervan uitgaande dat ze met winst konden worden verkocht. Dit werd windhandel of handel in blanco genoemd. Het zijn dit soort praktijken die aan de basis stonden van de financiële crisis van 2008. De Amsterdamse koopman Isaäc Le Maire was in 1609 waarschijnlijk de eerste die het op grote schaal ging toepassen, in een poging de VOC dwars te zitten. Zowel het stadsbestuur als de kerk veroordeelde de praktijk als oplichterij. Maar de belofte van in korte tijd veel geld verdienen was voor velen te verleidelijk. Le Maire verdiende inderdaad erg veel geld, maar hij verloor ook veel. Hij stierf in 1624. Op zijn grafsteen staat dat

Grafsteen van windhandelaar Isaäc Le Maire. De grafschrijver had zichtbaar moeite met de hoeveelheid nullen.

Le Maire 'van Godt den Heere soo ryckelick gesegent is geweest dat hy (behoudens eer) verloren heit over de 1.500.000 guldens'. Een voor die tijd onvoorstelbaar groot bedrag.

Gods zegen voor een godvruchtige levenswandel. Om de schijn van hebzucht te vermijden ging men het geld ook uitgeven in plaats van het op te sparen. Bijvoorbeeld aan weeshuizen of andere nobele doelen. De vele charitatieve hofjes in de Jordaan (p. 212) getuigen hier nog van. Voor de calvinistische kooplui bood dit wellicht wat gemoedsrust, maar de hemel konden ze er niet mee kopen. Dat werkte alleen bij katholieken.

Vanaf 1660 werden de gewetensbezwaren tegen rijkdom minder belangrijk. Spaarzaamheid en soberheid, oorspronkelijk de basis van de Nederlandse welvaart, werden ingeruild voor uiterlijk vertoon en weelde. Die verandering is zichtbaar op de grachtengordel, vooral in de Gouden Bocht. De huizen hebben hier geen pakzolders meer waar de

Stadspaleis in de Gouden Bocht.

De ingehouden gevels verbergen vaak een overdadig gedecoreerd interieur zoals dit plafond in het huidige Tassenmuseum.

handel kon worden opgeslagen. Deze kooplieden bezaten pakhuizen elders in de stad en konden van hun grachtenhuis een woonpaleis maken.
Rond dezelfde tijd komt aan de onstuimige economische groei langzaam een einde. Voor verschillende dominees was dat natuurlijk aanleiding om daarin de hand van God te herkennen. Economische crisis als straf voor de spilzucht. Toch bleef Amsterdam in de achttiende eeuw een stad van fabelachtige rijkdom, waar koningen en keizers geld kwamen lenen, maar het was niet meer de brutale stad van een eeuw eerder. De dynamiek van de nieuwe rijkdom was veranderd in de zelfgenoegzaamheid van oud geld.

5 | Mokum
Joods Amsterdam

Geen enkele gemeenschap van immigranten heeft een groter en blijvender stempel gedrukt op het karakter van Amsterdam dan de joodse gemeenschap. Het Amsterdamse accent, met veel Jiddische uitdrukkingen, de Amsterdamse humor, die vooral joodse humor is, en natuurlijk de vele joodse Amsterdammers die in de geschiedenis van de stad zo'n belangrijke rol hebben gespeeld. Hun namen vinden we terug in de stad: Sarphatistraat, Wertheimpark, Da Costakade en Tuschinski-theater. Voor Amsterdam werd een Hebreeuwse naam gebruikt: Mokum. Dit betekent 'plaats' of 'stad', ook in betekenis van 'de plaats waar je moet zijn'.

De eerste joden in Amsterdam waren Sefardische joden uit Portugal en Spanje (*Sefarad* staat voor Iberië). Zij kwamen vanaf 1610 naar Amsterdam, op de vlucht voor de Spaanse inquisitie. Velen hadden zich gedwongen tot het katholicisme bekeerd, maar desondanks waren ze nog steeds niet veilig in hun land. Het waren over het algemeen welgestelde kooplieden en zij brachten hun handelsnetwerken mee. Deze contacten hebben bijgedragen aan Hollandse vestigingen in Brazilië, Curaçao en Suriname. Vanaf 1630 kwamen daar Asjkenazische joden uit Polen en Duitsland bij (*Asjkenaz* staat voor Duitsland). Zij waren op de vlucht voor pogroms en oorlog en spraken Jiddisch. Ze namen een lange traditie van joodse gebrui-

ken mee. Beide groeperingen kregen in Amsterdam de vrijheid om weer joods te zijn. Dit blijkt uit de grote synagogen die beiden groeperingen in de joodse wijk lieten bouwen.

De Jodenhoek was in de negentiende eeuw een wijk met vieze grachten en donkere stegen. Het gros van de bevolking was arm en leefde van de diamantbewerking. Dankzij het socialisme klom de joodse bevolking na 1900 uit het dal van de armoede. Velen maakten zich los van het orthodoxe joodse geloof en namen meer en meer deel aan het openbare leven. In de jaren dertig waren vier van de zes Amsterdamse wethouders joods. De Tweede Wereldoorlog maakte een wreed einde aan dit integratieproces. Na de oorlog waren van de 80.000 joodse Amsterdammers nog ongeveer 10.000 in leven. Het Waterlooplein als jodenbuurt bestond niet meer. De vele leegstaande huizen werden in de laatste oorlogswinter geplunderd door hongerige Amsterdammers op zoek naar brandstof. Vanaf 1975 werd de buurt grotendeels gesloopt om plaats te maken voor de metro en het nieuwe stadhuis. Het is daarmee

Joodse man op de Albert Cuypmarkt.

tevens de wijk van de naoorlogse stadsvernieuwing en het protest daartegen. Een getto is de wijk nooit geweest, er woonden ook niet-joden, zoals Rembrandt.

De Plantage Middenlaan loopt langs de dierentuin Artis.

De Plantage

Direct achter de voormalige joodse wijk begint de Plantagebuurt. Dit laatste deel van de zeventiende-eeuwse stadsuitbreiding kenmerkt zich door een ruime opzet met statige lanen. Wegens een stagnerende bevolkingsgroei werden hier tuinen en plantages aangelegd. Daaruit zijn de dierentuin Artis, de Hortus Botanicus en het Wertheimpark ontstaan. Het is ook een buurt met veel wetenschapsgeschiedenis. In de negentiende eeuw werd de wijk alsnog volgebouwd met woningen voor de welgestelde burgerij. Ook hier vind men sporen van joods Amsterdam.

Joods Amsterdam

(3 km, ± 1,5 uur). Aanbevolen tijd: 's Ochtends. Op zondag is er geen markt op het Waterlooplein.

Een wandeling door de voormalige 'Jodenhoek' en de Plantagebuurt. Het joodse Amsterdam van vroeger en nu komt hier tot leven en verschillende gebouwen vertellen van het bloeiende weten-schappelijke klimaat van begin twintigste eeuw. We passeren o.a. het Waterlooplein, de beroemde Portugese synagoge, de Hortus Botanicus en de dierentuin Artis.

Blauwbrug

❶ 'Er siet nit weiter wie die Blaubrik' was een bekende Jiddische uitdrukking in joods Amsterdam en staat voor: 'Hij kijkt niet ver-der als de Blauwbrug' oftewel: hij kijkt niet verder als zijn neus lang is. De Blauwbrug over de Amstel vormde de grens van de jodenbuurt, aan de overkant begon de rest van de stad. Op deze plek lag al in 1590 een houten brug die Blauwbrug heette vanwege de blauwgeschilderde brugleuningen. Des-tijds was de brug tevens stadsgrens. De hui-dige brug is gebouwd in 1883. De brug moest Amsterdam allure geven zoals de bruggen in Parijs.

Stadhuis en Muziektheater de Stopera staat mid-denin de voormalige Joodse wijk.

Lantaarn op de Blauwbrug gedecoreerd met delen van schepen en de zeegod Neptunus.

Stopera

❷ Midden op het voormalige eiland Vlooy-enburg staat de Stopera, stadhuis annex muziektheater van Amsterdam. 'Dit wordt het monsterlijkste gebouw dat in jaren gebouwd is' schreef Izak Salomons van *Het Parool* in 1981, na bestudering van het ont-werp. De emoties in de buurt liepen hoog op bij het onteigenen en afbreken van de huizen die hier eerst stonden. Oorlogssentiment speelde daarbij een rol. 'Eerst worden de

joden vermoord en daarna worden hun huizen afgebroken zodat niemand meer weet
wat hier is gebeurd' was een veelgehoord
verwijt. Bewoners voelden zich ook gepas-
seerd door een gebrek aan inspraak. Het zal
dus niemand verbazen dat men de Stopera
niet mooi vond. Maar een enquête uit 2005
onder lezers van het tijdschrift *Ons Amsterdam* wees uit dat in ieder geval 37% van de
Amsterdammers het gebouw inmiddels hebben omarmd. De gemeente betrok het nieuwe stadhuis in 1988. Een tekstregel in de
stoep voor de Stopera vertelt over de tragi-
sche geschiedenis van het joodse jongens-
weeshuis dat hier heeft gestaan.

Waterlooplein

❸ De Stopera en het Waterlooplein staan

op het vroegere eiland Vlooyenburg, een
drassig stuk grond dat in de zestiende eeuw
herhaaldelijk overstroomde. Deze markt
werd de Vlooienburgmarkt genoemd, wat
weer verbasterde tot vlooienmarkt (al zijn er
ook andere verklaringen te vinden voor de
herkomst van het begrip). De Waterloopleinmarkt ontwikkelde zich tot een populaire
markt maar is vanouds een armoedige lom-
penmarkt. Vlooyenburg was het armste deel
van de jodenbuurt.

Mozes en Aäronkerk

❹ Prominent aan het Waterlooplein staat
de Mozes- en Aäronkerk met de twee torens,
gebouwd op de plek waar voorheen een
katholieke schuilkerk stond. De gevelstenen
van Mozes en Aäron, die de oude schuilkerk

Handel op de Waterloopleinmarkt.

De joodse wijk was geen getto, zoals de aanwezigheid van de katholieke Mozes- en Aäronkerk laat zien.

kenmerkten, zijn nog zichtbaar aan de achterzijde. De Latijnse tekst in het timpaan betekent: 'Wat eeuwenlang onder het teken van Mozes en Aäron stond, is nu als een nog luisterrijker tempel de Verlosser toegewijd.' Sommige letters zijn goud, de meeste zwart. De gouden letters zijn tevens Romeinse cijfers. Door ze achter elkaar te plaatsen en op te tellen ontstaat het jaar van de inwijding van de kerk: 1842. De aanwezigheid van een katholieke kerk geeft aan dat de joodse wijk geen getto was: er woonden en kerkten ook niet-joden.

Joods Historisch Museum

5 De synagogen van de Asjkenazische of Hoogduitse joden zijn sinds 1987 in gebruik als het Joods Historisch Museum. Het complex bestaat uit vier afzonderlijke synagogen die door het museum met elkaar verbonden zijn. De oudste, op de hoek van de Amstelstraat, is de Grote Synagoge en dateert van 1671. Daarmee was het de eerste synagoge

Het Joods Historisch Museum.

in West-Europa die voor iedereen als zodanig herkenbaar was. Omdat joden geen lid mochten worden van het bouwmeestersgilde moesten ze hun synagogen door christenen laten bouwen. De sjoel werd gebouwd door Elias Bouman. Wegens ruimtegebrek werd in 1686 de 'Obbene Sjoel' gebouwd (de boven-sjoel), en in 1700 de 'Dritte Sjoel' (derde sjoel). Door de aanhoudende immigratie van Asjkenazische joden werd in 1752 de groot-ste van de vier synagogen gebouwd: De Neie Sjoel (nieuwe sjoel). Deze lijkt erg op de Grote Synagoge, met uitzondering van de fraaie, centrale lichtkoepel. Elke sjoel vormde een aparte gemeente met eigen rabbijn. De Obbene en Dritte Sjoel waren vooral voor de lagere sociale klassen bestemd. De laatste dienst in het complex werd gehouden in 1943, daarna werden de gebouwen geplun-derd. Ze kwamen zwaar gehavend uit de oor-log en werden tussen 1974 en 1987 volledig gerestaureerd.

Interieur van de Portugese sefardische synagoge.

Portugese, sefardische synagoge

6 Op het Jonas Daniël Meijerplein staat de wereldberoemde Portugese synagoge. Zij verrees, net als de Hoogduitse Synagoge, kort na de val van de valse messias (p. 146) en werd ingewijd in 1675. Het was lange tijd de grootste synagoge ter wereld. Het gebouw met voorplein refereert aan de in 587 v. Chr. verwoeste tempel van Salomo, waarvan een Amsterdamse rabbijn in 1641 een model had vervaardigd, te zien in het Bijbels Museum (p. 119). Tegelijkertijd doet de classicistische bouwstijl denken aan de protestantse kerken uit die tijd. De omvang van het gebouw en het indrukwekkende

interieur geven blijk van het zelfvertrouwen van de joodse gemeenschap en van de vrij-heid die zij in Amsterdam genoten. Nergens anders in Europa mochten joden zo openlijk zichtbaar getuigen van hun geloof.

Het gebouw werd zelfs door de nazi's ont-zien; het kwam vrijwel ongeschonden uit de Tweede Wereldoorlog. Het is nog steeds in gebruik bij de Portugees-Israëlitische gemeente. Het interieur maakt indruk door de lichtinval en de authenticiteit. Alles lijkt nog precies zo te zijn als in de zeventiende eeuw. De krakende houten vloer is met zand bestrooid om het geluid te dempen en de enige verlichting in het gebouw komt van kaarsen. Een elektriciteitsaansluiting is er niet en 's winters kan het er behoorlijk koud zijn.

In de synagoge is de bibliotheek Ets Haim

(Boom des Levens) gevestigd. Ets Haim is de oudste nog functionerende joodse bibliotheek ter wereld [1616] en van onschatbare waarde voor de studie van het jodendom.

Februaristaking, de dokwerker

7 Bij het beeld van de dokwerker op het Jonas Daniël Meyerplein wordt elk jaar rond 25 februari de Februaristaking van 1941 herdacht. Het beeld is gemaakt door Mari Andriessen in 1952. Hij heeft geprobeerd zowel de kracht als de uiteindelijke machteloosheid van de stakingsactie te verbeelden. Uit solidariteit met het joodse volksdeel ontstond het idee voor een staking. Directe aanleiding waren de eerste razzia's in Amsterdam. De razzia's waren een represaille voor diverse opstootjes waarbij o.a. een NSB'er werd doodgeslagen door joodse boksers. De staking was een initiatief van twee gemeentewerkers en de (illegale) communistische partij. Het draaide echter steeds meer uit op een algemeen anti-Duits oproer. De staking werd door de nazi's bloedig onderdrukt. De actie maakte vooral duidelijk hoe de verhoudingen lagen en dat er van inspraak in het naziregime geen sprake kon zijn (p. 113).

Vaz Diazbrug, sabbatsgrens

8 Via de Weesperstraat komen we bij de brug over de Nieuwe Herengracht. Voor orthodoxe joden die op de sabbat deze route lopen eindigt hier de wandeling. De Nieuwe Herengracht vormt namelijk de grens van de

Herdenking van de Februaristaking bij het beeld van de dokwerker.

eroev. Een *eroev* is een gebied binnen sabbatsgrenzen. De joodse wet verbiedt dat er op sabbat buitenshuis gedragen wordt. Het is zelfs taboe om een huissleutel op zak te hebben of een kinderwagen te duwen. Het betekent feitelijk dat joden zaterdags de deur niet uit kunnen. Door een grens om Amsterdam te leggen wordt dit probleem omzeild, want het gebied daarbinnen mag als huis worden gedefinieerd. Een *eroev* heeft in Amsterdam eeuwenlang bestaan; oorspronkelijk gebruikte men de stadsmuren als sabbatsgrens. Tegenwoordig gebruikt men vaak een kabel of sabbatspalen. In 1972 werd de laatste

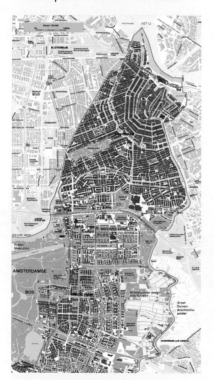

Het rode deel vormt de eroev, het gebied afgebakend met sabbatsgrenzen.

eroev door het rabbinaat van Amsterdam afgekeurd. Daarmee waren de joden op de sabbat veroordeeld tot huisarrest. De huidige sabbatsgrens kwam tot stand in maart 2008 en wordt bijna volledig gevormd door waterwegen. Ook water mag volgens de rabbijnen als grens gedefinieerd worden, zolang het gebied in theorie volledig afgesloten kan worden. Om die reden is voor de Nieuwe Herengracht gekozen, omdat hier alle bruggen open kunnen. Een brug die niet open kan zou een ongeoorloofde onderbreking van de grens van het denkbeeldige huis tot gevolg hebben, net als bij een deur die niet dicht kan. Bij een vaste brug moet er een kabel bovenlangs gevoerd worden om de grens te kunnen sluiten. Op een paar plaatsen is deze mogelijkheid ingebouwd. De nieuwe *eroev* werd meteen een flink stuk uitgebreid: via o.a. het IJ, de Amstel, de Nieuwe Meer en de Schinkel worden ook Amstelveen en het Amsterdamse Bos omsloten (zie kaart). Op weinig andere plaatsen in Europa functioneert een *eroev*. Naast Amsterdam ook in Straatsburg, Londen, Antwerpen en Parijs. In New York zijn er meerdere en in Israël is elke stad van sabbatsgrenzen voorzien.

Plantage Muidergracht 4, Pieter Zeeman laboratorium

❾ Op nummer vier bevindt zich het Pieter Zeeman laboratorium uit 1923, destijds uitgerust met de modernste natuurkundige meetinstrumenten. Professor Pieter Zeeman [1865-1943] ontdekte in 1896 de invloed van een magnetisch veld op de aarde en de splitsing van het lichtspectrum. Hij kreeg voor zijn ontdekking in 1902 de Nobelprijs. Zee-

Het laboratorium van Pieter Zeeman wordt nu bewoond door anti-krakers.

man maakte deel uit van een roemruchte generatie Nederlandse fysici, waaronder Kamerlingh Onnes, Paul Ehrenfest en Antoon Lorentz. Dit wetenschappelijke klimaat oefende een grote aantrekkingskracht uit op buitenlanders. Albert Einstein [1879-1955] solliciteerde om die reden naar een baantje op het laboratorium van Onnes in Leiden, maar hij werd afgewezen. Hij ontmoette Pieter Zeeman in Amsterdam en gaf les hier in het Pieter Zeeman laboratorium. Einstein was een bewonderaar van Spinoza en schreef zelfs een lofdicht op zijn ethiek.

Hollandsche Schouwburg

10 De Hollandsche Schouwburg was een theater waarin veel joodse stukken werden opgevoerd. Het stuk *Ghetto* van de joodse toneelschrijver Herman Heijermans beleefde er zijn première in 1898. In 1942 bestemden

de Duitse bezetters het gebouw als verzamelplaats voor de joodse bevolking die op transport werd gesteld naar Westerbork en vandaar naar o.a. Auschwitz. De slachtoffers werden per tram naar het station Muiderpoort gebracht. Aan de overkant van de straat werd een crèche ingericht voor de opvang van de joodse kinderen. Veel kinderen werden uit de crèche gesmokkeld en overleefden de oorlog met behulp van het onderduikersnetwerk. Eén van hen was Ed van Thijn, de latere burgemeester van

De Hollandsche schouwburg werd gebruikt als verzamelgebouw voor de deportaties van joden in de Tweede Wereldoorlog.

Amsterdam. Het gebouw werd in 1962 ingericht als herdenkingsruimte. Jaarlijks op Jom Ha-sjoa (de Hebreeuwse herdenking) en 4 mei worden hier herdenkingen gehouden.

Aanslag bevolkingsregister

11 Aan de overkant van de Plantage Kerklaan rechts van de ingang van Artis bevindt zich het voormalige bevolkingsregister. Op 27 maart 1943 vond hier de bekendste verzetsdaad uit de Tweede Wereldoorlog plaats: de aanslag op het bevolkingsregister in Amsterdam. Het doel was de bevolkingsgegevens van Amsterdam te vernietigen, zodat de bezetters geen gegevens meer hadden over joden en niet-joden. Verkleed als politiemannen overmeesterden de verzetsleden de bewaking, die ze met een injectie in slaap brachten. Slechts een deel van het archief werd vernietigd, mede dankzij de brandweer die de boel flink onder water zette. Met de verzetsgroep liep het slecht af, binnen een week zijn ze allen verraden en slechts één overleeft de oorlog. Een plaquette herinnert aan de aanslag. De deelnemers aan de overval werden na de oorlog postuum onderscheiden, met uitzondering van de joodse W.J.C. Arondeus. Hij werd vanwege zijn homoseksuele geaardheid pas in 1984 met het Verzetsherdenkingskruis geëerd. Het pand wordt nu gebruikt voor opnames van diverse televisieprogramma's.

Artis

⑫ Met het doel de 'kennis der natuurlijke historie' te bevorderen werd in 1838 het Zoölogisch Genootschap 'Natura Artis Magistra' (De natuur is de leermeester van de kunst) opgericht. De naam werd al snel afgekort tot Artis. Het is de oudste dierentuin van het Europese continent. Oorspronkelijk liep er een gracht doorheen, zodat bezoekers met een veerpont tussen de twee delen van de dierentuin heen en weer moesten pendelen. De gracht werd gebruikt voor de beroepsscheepvaart, zodat 's nachts nogal wat scheepsvolk gratis een bezoekje aan Artis bracht. In 1866 werd de gracht eigendom van Artis en omgevormd tot drie grote vijvers. De dierentuin was in het begin alleen toegankelijk voor leden. Later mochten in

Murugan

'Beste president Nehru van India, wij willen zo graag een Indische olifant, want onze dierentuin heeft er geen. Kunt u er eentje sturen?' Zo luidde ongeveer de brief die Amsterdamse kinderen in 1954 aan president Nehru van India stuurden. Het initiatief kwam van een kinderbadhuis uit de Spaarndammerbuurt. En het had succes. Nehru liet weten dat hij de Amsterdamse kinderen het olifantje Murugan wilde schenken en op 24 november 1954 arriveerde in de haven van Amsterdam een vrachtschip uit India, opgewacht door duizenden kinderen. In 2003 liet Artis de 50-jarige stier na een lange ziekte inslapen. Murugan is dan de oudste olifantenstier van Europa. Tijdens zijn ziekte kwam half Amsterdam afscheid nemen. Een hele generatie Amsterdammers was met het dier opgegroeid.

september ook mensen die de contributie niet konden betalen voor een kwartje naar binnen. Nog steeds hanteert Artis in september een gereduceerd tarief.
Dankzij de eerste directeur, G.F. Westerman [1807-1890], die ook boekhandelaar, drukker en uitgever was, bezit Artis een prachtige bibliotheek met een collectie zoölogische literatuur van onschatbare waarde.

Burght van Berlage

⓭ De Burght van Berlage [1900], Henri Polaklaan nummer 9, werd gebouwd als het onderkomen van de eerste vakbond van Nederland: de Algemeene Nederlandsche Diamantbewerkers Bond (ANDB). Het was een arbeidersburcht, door tegenstanders ook wel 'roofslot' genoemd. De ANDB heeft o.a. aan de wieg gestaan van de achturige werkdag, de verplichte vakantieweek en de FNV. Leider en oprichter van de vakbond was de joodse Henri Polak, vader van de moderne vakbeweging en naamgever van deze straat.

De lommerrijke Henri Polaklaan.

De ANDB streed voor de belangen van de diamantbewerkers. Een ander doel van de ANDB

Amsterdam Diamantstad

De diamantindustrie van Amsterdam is altijd een typisch joodse aangelegenheid geweest. In de middeleeuwen viel het diamantslijpen niet onder de ambachtsgilden en het beroep was daarmee voor de joden dus vrij toegankelijk. De eerste diamantbewerkers kwamen na de val van Antwerpen [1585] naar Amsterdam. Rond 1900 was de bloeiende diamantindustrie in Amsterdam de grootste van Europa. Het gros van de joodse bevolking werkte in de diamantindustrie als snijder, slijper, klover of schijvenschuurder. Ondanks de associatie van diamanten met glamour en rijkdom, waren de meeste werknemers straatarm en moesten ze onder erbarmelijke omstandigheden hun werk doen. Na de Tweede Wereldoorlog nam Antwerpen de fakkel over als belangrijkste diamantstad van Europa. Maar de branche blijft een belangrijk deel van de joodse geschiedenis en het is de moeite waard een bezoek te brengen aan een van de diamantfabrieken (zie kaart). De attractie is o.a. populair bij Chinese toeristen die in één dag met een toerbus de diamantfabrieken van Amsterdam en Antwerpen bezoeken.

Diamantbewerker aan het werk.

was de 'verheffing van de arbeiders tot beschaafde mensen met een gevoel voor eigenwaarde en cultuur'. Hiertoe werd ook een bibliotheek gestart. De verheffing van de arbeider komt letterlijk tot uitdrukking in het gebouw. De socialistisch gezinde Berlage heeft een monumentale stenen trap ontworpen die toegang geeft tot het gebouw. Berlage heeft zich hier laten inspireren door de Toscaanse renaissance, het gebouw heeft een duidelijk verwantschap met het stadhuis van Siena. Van diamantslijpen had de architect echter geen verstand. Diamantbewerkers wezen hun leerlingen vaak op de glazen briljant in de toren met de waarschuwing dat, als ze zó een diamant zouden slijpen, ze zeker ontslagen zouden worden. Sinds 1991 is het gebouw in gebruik als Vakbondsmuseum. Het museum wordt in 2009 gerenoveerd en zal tijdelijk gesloten zijn.

Wertheimpark

14 De entree van het Wertheimpark is herkenbaar aan de twee sfinxen. Het is het oudste park van Amsterdam. Het werd door keizer Napoleon als geschenk aan de stad aangeboden, op voorwaarde dat de stad het zelf

Entree van het Wertheimpark met de twee sfinxen.

zou bekostigen. Het park werd in 1898 aangelegd en was oorspronkelijk veel groter.

Auschwitz-monument Jan Wolkers

In het Wertheimpark bevindt zich rechts het bekende Auschwitz-monument van Jan Wolkers. Het bestaat uit gebroken spiegels waar-

in de hemel wordt weerkaatst. De spiegels geven uitdrukking aan de gedachte van Wolkers dat 'de hemel zich na Auschwitz boven dit monument nooit meer ongeschonden kan vertonen'. Daags voor de onthulling in 1993 werd het monument vernield. De vernieling veroorzaakte grote maatschappelijke onrust. Vermoed werd dat het om een antisemitische daad ging. De dader bleek echter de glaszetter te zijn. Hij had bij de installatie een constructiefout gemaakt en door het glas kapot te slaan, hoopte hij dat het niet ontdekt zou worden. De verwarde glazenier heeft zich na zijn vrijlating van het leven beroofd. Maar ook in 2006 werd het monument vernield. Auschwitz blijft hoe dan ook de gemoederen bezighouden.

Wertheim-monument

Aan de andere kant van het park staat de fontein die herinnert aan Abraham Carel

Wertheim [1832-1897]. Hij was bankdirecteur en filantroop. Net als Samuel Sarphati zette hij zich in voor de integratie van het proletarische joodse volksdeel. Zijn paternalistische aanpak werd met de opkomst van het socialisme steeds minder populair. De arbeiders werden zich bewust van hun klassepositie die tegengesteld was aan die van bankiers zoals Wertheim. Zijn deugden zijn, in prachtig negentiende-eeuws proza, in de fonteinrand afgebeeld.

Hortus Botanicus

15 In 1638 werd op deze plek de Hortus Medicus aangelegd, een tuin voor geneeskrachtige kruiden. In 1682 kwam de Hortus Botanicus erbij die zich toelegde op de kweek van tropische gewassen uit de nieuwe koloniën. Eén van de directeuren van de Hortus in die tijd was de anatoom Frederik Ruysch (zie kader p. 142). De Hortus Botanicus heeft eeuwenlang een belangrijke rol gespeeld in de kennis over plantensoorten en hun verspreiding over de wereld. De totale koffieproductie van Zuid- en Midden-Amerika (inmiddels meer dan een derde van de wereldproductie) is in 1714 begonnen met één enkel koffieplantje dat hier werd gekweekt. In de Hortus bevindt zich ook de enige nog levende getuige van het VOC-tijdperk: een 300 jaar oude Oostkaapse broodboom, die uit Zuid-Afrika per zeilschip naar de Hortus werd vervoerd. Deze staat in de prachtige palmenkas uit 1915. Al jarenlang een grote publiekstrekker is de Victoria Amazonica – de koningin der waterlelies – die sinds 1859 regelmatig

De palmenkas van de Hortus Botanicus, gebouwd in 1915.

Het geheim van Frederik Ruysch

Een van de bekendste Hortus-directeuren was botanicus en anatoom Frederik Ruysch [1638-1731]. Hij werd wereldberoemd door een unieke preparatietechniek waarmee hij dode lichamen levensecht kon conserveren. Dankzij de vloeistof die hij ontdekte werden bloedvaten en organen zichtbaar in de meest minutieuze details. Een dood kind, dat door Ruysch was geprepareerd, werd door tsaar Peter de Grote, die zijn collectie bezocht, voor levend aangezien. De

tsaar viel op zijn knieën en kuste het kind, niet beseffend dat het geprepareerd was. Ruysch maakte ook allerlei tableaus waarbij de skeletjes van embryo's rond een berg blaas- en nierstenen werden gegroepeerd, omgeven door plantachtige vormen van orgaanweefsel, terwijl de ongeboren babytjes weenden of een instrument leken te bespelen. Volgens Ruysch moesten deze sculpturen de vergankelijkheid van het leven uitbeelden, maar 'hun aantrekkingskracht ontleenden ze vooral aan het huiveringwekkende vermogen van Ruysch aan de dood zulke schoonheid te ontlokken', aldus Luuc Kooijmans in de Ruysch-biografie *De Doodskunstenaar* [2004]. De Russische tsaar kocht de verzameling van Ruysch in 1717 en sleepte de preparaten mee naar de nieuwe stad Sint-Petersburg. De collectie is

nog steeds in de Hermitage in Sint-Petersburg te zien. In 2002 leek het de Russische autoriteiten een mooi idee om de bezoekende Willem-Alexander en Maxima langs de collectie te leiden. Op het laatste moment werd dit plan afgeblazen. De verzameling kinderhoofdjes en misvormde babytjes in potten werden bij nader inzien toch niet erg geschikt geacht om aan een zwangere prinses te tonen. Frederik Ruysch verkocht wel zijn collectie, maar niet zijn kennis. Over de samenstelling van de vloeistof waarmee hij zijn preparaten inspoot, zweeg hij tot in het graf.

Kunstwerk gemaakt van skeletten en nierstenen.

in bloei te zien is. De bloem gaat open als het donker wordt. Elke bloem bloeit twee nachten, één nacht wit en één nacht roze, waarna de bloem sluit en onder water verdwijnt.

Rembrandthuis, Sint-Anthoniesluis

🔟 De 'Brategass' (Jiddisch voor Jodenbreestraat) was de belangrijkste straat van de jodenbuurt. Rembrandt van Rijn woonde er van 1639 tot 1658. In 1639 kocht hij voor 13.000 gulden een groot pand aan de Jodenbreestraat nummer vier, nu in gebruik als Museum het Rembrandthuis. Een enorm bedrag in die tijd, maar dankzij grote opdrachten, zoals de *Nachtwacht* (p. 72), durfde hij de hypotheek wel aan. Door finan-

cieel wanbeleid en door de eerste Engelse oorlog gingen de zaken voor Rembrandt echter steeds slechter. In 1658 werd hij bankroet verklaard en moest hij het huis verkopen. Dankzij de inventarislijst die toen door de boedelkamer van het stadhuis werd opgesteld kon het Museum het Rembrandthuis zijn interieur reconstrueren. Rembrandt verhuisde met zijn zoon Titus naar een huurhuisje in de Jordaan. Als bewoner van de Jodenbreestraat had Rembrandt contacten in de joodse gemeenschap. Hij gebruikte joodse modellen voor zijn Bijbelse taferelen en etste illustraties voor de Hebreeuwse boeken van Menasseh Ben Israël.

Waar de Jodenbreestraat overgaat in de Sint-Anthoniesluis staat een monument met op

Het huis met de groene luiken was het woonhuis en atelier van Rembrandt. Op de voorgrond het monument met de dichtregel van Jacob Israël de Haan.

de sokkel een strofe uit een gedicht van Jacob Israël de Haan. Het monument is hier geplaatst om de plek te markeren waar 'de grootschalige sanering en aantasting van het stadspatroon tot staan werd gebracht'. Inmiddels was een groot deel van de jodenbuurt door de slopershamer geveld. Het plan om hier een snelweg aan te leggen die moest doorlopen tot het Centraal Station, werd verhinderd door heftig verzet uit de buurt.

De Pintohuis

🔞 Alle oude bebouwing links en rechts langs de Anthoniebreestraat werd in 1973 gesloopt behalve het Pintohuis op nummer 69. Buurtverzet heeft dat ternauwernood kunnen voorkomen, samen met de geplande snelweg. Jarenlang stond het pand als een eenzame rotte kies in een kale vlakte tot de restauratie en de aanleg van de metro klaar was. Het is het enige pand dat aan het joodse verleden van deze straat herinnert. Het huis van Isaäc de Pinto [1717-1787] is een mooi voorbeeld van de rijkdom van sommige Sefardische joden. 'Zo rijk als de Pinto' werd

in de arme jodenbuurt zelfs een uitdrukking. Hij was bewindhebber bij zowel de Oost- als de West-Indische Compagnie en persoonlijk bevriend met stadhouder Willem IV. Het Pintohuis is in gebruik als openbare bibliotheek. Volgens plan zal deze vestiging in 2011 zijn deuren sluiten, maar wellicht dat buurtprotesten dat kunnen voorkomen.

Zuiderkerk

🔞 De Zuiderkerk is de eerste Amsterdamse kerk die werd gebouwd voor de protestantse eredienst. Stadsbouwmeester Hendrik de Keyser, die de kerk bouwde, werd in 1621 in de kerk begraven. In de Zuiderkerk werden ook drie kinderen van Rembrandt en zijn vrouw Saskia begraven. Alleen hun jongste zoon Titus werd volwassen. De toren werd door velen bewonderd waaronder de Britse toerist Christopher Wren, de latere architect

Toegangspoort naar het voormalige Zuiderkerkhof met de spits van de Zuiderkerk.

Toeristen genieten van zon en vrijheid aan de voeten van Spinoza.

van de beroemde Sint Paul's Cathedral in Londen. Tijdens de hongerwinter van 1944-1945 fungeerde het gebouw als lijkenhuis. Sinds 1988 zijn er verschillende gemeentelijke diensten in gevestigd die te maken hebben met huisvesting. Tijdens kantoortijden en op zaterdag is de kerk geopend. Ook kan de toren worden beklommen.

Spinoza-monument

⑲ Wat Erasmus is voor Rotterdam, moet Spinoza worden voor Amsterdam. Om die reden werd in november 2008, ongeveer op de plek van het geboortehuis van Spinoza [1632-1677], dit monument onthuld. Een prominent beeld van de filosoof in de binnenstad was er nog niet. Dankzij de hernieuwde belangstelling voor Spinoza werd binnen een half jaar dit beeld gerealiseerd. Spinoza's ideeën over volledige vrijheid van godsdienst en meningsuiting stonden in heel Europa aan de basis van de Verlichting en zijn weer uiterst actueel. In de sokkel het citaat: 'Het doel van de staat is de vrijheid.' Kunstenaar Nicolas Dings heeft naast Spinoza een granieten wiskundige vorm, de icosaëder, gezet – een bol met twintig gelijke driehoeken. Deze staat symbool voor zijn gedachtegoed: 'het universum als model, geslepen door de menselijke geest.' De mantel van Spinoza bevat twee soorten in Amsterdam veel voorkomende vogels: de huismus en de exotische halsbandparkiet (p. 161). Een subtiele verwijzing naar de actualiteit van de multiculturele samenleving. (Meer over Spinoza op p. 148.)

De messias en de filosoof

Twee joodse tijdgenoten uit de zeventiende eeuw worden hier als voorbeeld gebruikt om een beeld te schetsen van de bloeiende joodse gemeenschap in Amsterdam. De eerste heeft er nooit een voet gezet, de tweede was een geboren en getogen Amsterdammer. De eerste bewierookt en aanbeden als door God gezonden, de tweede verguisd en vervloekt en uit de synagoge verbannen. De eerste heette Sjabtai Tsvi, de tweede Baruch de Spinoza.

De messias van Mokum

De joodse gemeenschap van Amsterdam gedroeg zich aanvankelijk erg terughoudend. De grote vrijheid die zij in Amsterdam genoot wilde zij niet in gevaar brengen door al te uitbundige geloofsuitingen. Maar in de jaren 1665 en 1666 was die schroom verdwenen en werd heel joods Amsterdam gegrepen door een extatische opwinding alsof er 'een siddering door de stad ging'. Sefardische en Asjkenazische joden liepen gebroederlijk zingend en dansend door de straten. De gebedsrollen werden uit de synagoge aan de Houtgracht – het huidige Waterlooplein – gehaald en in een euforische processie door de straten gedragen. Biddende boetelingen vulden de synagogen dag en nacht 'als was het Jom Kippoer' en sommige christenen bekeerden zich spontaan tot het jodendom. Aanleiding van deze stormachtige beweging, die de bloeiende joodse gemeenschap van Amsterdam bijna tot haar ondergang bracht, was een manisch-depressieve jood uit Klein-Azië: Sjabtai Tsvi.

Sjabtai Tsvi werd geboren in 1626 in het Ottomaanse Smyrna (Izmir in het huidige Turkije) op 9 Aw 5386. Die dag viel op een sabbat, reden waarom zijn ouders hem Sjabtai hebben genoemd. Ook is 9 Aw volgens de rabbijnse traditie de datum waarop de tempel werd verwoest en waarop de messias geboren zou worden. Sjabtai was al op jonge leeftijd een verdienstelijk kenner van de Talmoed en bleek getalenteerd genoeg om te studeren. Onder invloed van de Kabbala beoefende hij een strenge lichamelijke ascese, om op mystieke weg nader tot God te komen. Maar zijn gedrag week in verregaande mate af van wat als normaal mocht worden beschouwd. Zijn eerste twee huwelijken werden ongeconsumeerd weer ontbonden en hij leefde in een voortdurende staat van jubelende extase of diepe neerslachtigheid. In zijn euforische periodes trad hij de joodse wetten nogal eens met de voeten. Hij sprak bijvoorbeeld de heilige godsnaam (JHWH) hardop uit en hield zich niet aan de joodse leefregels. In 1648 riep hij zich tot messias uit. Voor het rabbinaat van Smyrna genoeg reden om hem uit de stad te verbannen. In de odyssee die volgde langs de verscheidene joodse gemeenschappen van het Ottomaanse Rijk herhaalde dit patroon zich. Ook uit Thessaloniki, Constantinopel, Jeruzalem en Saloniki werd hij verbannen. Uit de laatste stad omdat hij – tot verbijstering van de aanwezige rabbi's – openbaar in het huwelijk trad met een Thora-rol. Maar in Gaza ontmoette hij Nathan, een geleerde rabbijn en beroemd exorcist. Deze ontpopte zich tot Sjabtai's profeet, *personal coach* en campagneleider. Dankzij de overtuigende campagne van Nathan werd de messiasverklaring nu wel serieus genomen en het bericht reisde in hoog tempo van Gaza via Jeruzalem naar Aleppo. In Aleppo was toen al een Amsterdams handelshuis, zodat het bericht met het eerste schip naar Amsterdam kon reizen. Het bericht sloeg in Amsterdam in als een bom. De joodse gemeenschap bleek om uiteenlopende redenen gevoelig voor de messiaanse boodschap. De Sefardische joden uit Portugal hadden zich, voordat zij verdreven werden en in Amsterdam kwamen, uit puur lijfsbehoud tot het christendom bekeerd. Voor dit verraad aan hun geloof moest boete worden gedaan. De Asjkenazem uit Polen en Duitsland waren gevlucht voor pogroms. Gecombineerd met hun povere economische situatie hadden zij meer te winnen bij de Eindtijd dan te verliezen in het leven. De heilsboodschap werd dus gretig geloofd en allerlei verschijnselen werden toegeschreven aan het naderende oordeel: de pogroms in Polen [1648], de tweede Engelse oorlog tussen de Republiek en Engeland [1664-1666], de pestepidemie en de verschijning van een komeet in 1664. De messiaanse berichtgeving werd steeds fantastischer. Vooruitlopend op hun naderende wederopstanding fluisterden lang gestorven rabbijnen in hun cryptes. In Jeruzalem rezen de muren van de zestien eeuwen eerder verwoeste tempel op uit de grond terwijl elders de aarde kerken en moskeeën verzwolg. De oudtestamentische profeet Elia werd meermaals gesignaleerd en

de Rode Zee bleek te zijn drooggevallen. En in Amsterdam was een jood die weigerde te geloven in de nieuwe messias, tijdens het middagmaal dood neergevallen, wat de gemeenschap deed huiveren van ontzag.

De *geweesene Kerk der Ioden*, de synagoge aan de Houtgracht (het huidige Waterlooplein). Hier werd Spinoza vervloekt en tien jaar later Sjabtai bejubeld.

Veel joden in Amsterdam begonnen met de voorbereidingen voor een reis naar Palestina. Daar zou de climax van de eindtijd immers moeten plaatsvinden. Rijke joden verkochten hun bezittingen – soms ver onder de prijs – en scheepten zich in. De armen, die geen reis konden betalen, konden weinig meer doen dan 'wachten op de wolk die hen naar Jeruzalem zou brengen'. Er werden zelfs plannen gemaakt om de doden van de joodse begraafplaats in Ouderkerk aan de Amstel op te graven en mee te nemen. Het scheelde niet veel of een groot deel van de joodse gemeenschap, dood zowel als levend, ging Amsterdam voorgoed verlaten.

Degene die daar een stokje voor stak was Sjabtai zelf. Hij was inmiddels begonnen aan een zegetocht door het Ottomaanse Rijk. Die duurde niet lang want een 'Koning der joden' met een groeiende schare aanhangers kon door de sultan niet gedoogd worden. Al snel werd hij gearresteerd en door de jonge Mehmed IV voor de keus gesteld: de dood of bekering tot de islam. Tot verbijstering van zijn volgelingen bekeerde Sjabtai Tsvi zich tot de islam. Het werd de meeste joden, ook in Amsterdam, nu wel duidelijk dat zij een grote vergissing hadden gemaakt. Schaamtegevoelens en verwarring overheersten terwijl

Messias Sjabtai als joods koning op een troon.

het christelijk deel van de stad met nauwelijks verholen leedvermaak over de gebeurtenissen verslag deed. Sjabtai leefde nog tien jaar een luxe leven als gevangene van de sultan en stierf in 1676. Zijn beweging leeft tot vandaag voort als een kleine joodse sekte die

in Turkije bekend staan als *dönmeh*: tot de islam bekeerde joden die Sjabtai nog altijd als verlosser zien. In Amsterdam kreeg deze beweging geen voet aan de grond en werd geprobeerd om de mislukte messias te vergeten en de draad van het oude geloof weer op te pakken. Als remedie tegen de schaamte werd begonnen met de bouw van een nieuwe synagoge, mooier en groter dan ooit en exact gebouwd volgens de beschrijvingen van de tempel van Salomo: de grote Portugees-Israëlitische synagoge op het Mr. Visserplein, ingewijd in 1675. Het signaal wat de joodse gemeenschap van Amsterdam hiermee gaf was niet mis te verstaan: Wij blijven!

De filosoof van de tolerantie

Baruch de Spinoza [1632-1677] is als filosoof bepalend geweest voor de geschiedenis van het westers denken. Zeker sinds de verschijning van *Radical Enlightenment* [2001] van Jonathan Israël geldt hij als aartsvader van de Verlichting en referentiepunt voor alle latere voor- en tegenstanders daarvan. Zijn ideeën over volledige vrijheid van godsdienst en meningsuiting, gelijkheid van mensen, tolerantie en democratie zijn verbazend actueel. Door tijdgenoten werd hij over het algemeen anders beoordeeld. 'Een helhond, een fanaticus en een atheïst' was het commentaar na de verschijning van zijn *Tractatus theologico-politicus* in 1670. Een boek 'gewrocht in de hel door een afvallige jood en de duivel', aldus een andere bron. Spinoza was wat wij nu zouden noemen een tweedegeneratie-allochtoon. Hij werd geboren in 1632 aan de Zwanenburgwal ter hoog-

mee zou de comfortabele positie van de joden in het calvinistische Amsterdam weleens in gevaar kunnen komen. Maar Baruch was een uitzonderlijk begaafd redenaar en het was vrijwel onmogelijk om hem op andere gedachten te brengen. Op vragen als 'Heeft God een lichaam?' en 'Is de ziel onsterfelijk?' gaf hij een ontkennend antwoord, met argumentatie erbij. Er werd zelfs een aanslag op zijn leven gepleegd. Toen Spinoza

Het standbeeld van Spinoza bij zijn geboorteplek aan de Zwanenburgwal.

te van het Spinoza-monument (p. 145). Zijn ouders waren 'marranen' (letterlijk: zwijnen), Portugese joden die onder dwang van de Inquisitie tot het christendom waren bekeerd. In Amsterdam hervonden ze hun joodse identiteit. Baruch kreeg onderricht op de strenge joodse wijze van die tijd, met uren Talmoed- en Thora-studie per dag. Hij had er plezier in en leek aanvankelijk voorbestemd om rabbi te worden. Maar hij had ook een onafhankelijke geest en begon zich af te zetten tegen de knellende banden van de orthodoxie. De kritische vragen die hij stelde over de heilige geschriften werden niet welwillend ontvangen. De joodse gemeenschap was erg bezorgd over deze trend. Joden waren op dat moment nog geen officiële burgers van Amsterdam en aanvallen op de Bijbel liepen kans tevens beschouwd te worden als aanvallen op het christendom. Daar-

De aanslag op Spinoza op een achttiende-eeuwse afbeelding. Op de achtergrond de Portugese synagoge, hoewel deze in werkelijkheid toen nog gebouwd moest worden.

op een avond de synagoge verliet, aan het huidige Waterlooplein, verscheen er een man naast hem. Spinoza zag plots een dolk in een opgeheven hand en deinsde achteruit met zijn arm omhoog. De dolk sneed door de mouw van zijn jas, maar hijzelf bleef onge-deerd. De aanvaller was een fanaticus die bereid was een misdaad te begaan waarmee hij riskeerde te worden opgehangen, alleen om de gemeenschap te bevrijden van een heiligschenner. Alsof dat niet genoeg was stuurde Spinoza vervolgens een lange brief naar de synagoge. Daarin zette hij nauwkeu-rig zijn standpunten uiteen, met een reeks logische argumenten waar geen speld tussen was te krijgen. De joodse autoriteiten waren geschokt en besloten dat het genoeg was. In 1656 werd Baruch de Spinoza met groot ceremonieel uit de gemeenschap verstoten.

'Vervloekt zij hij bij dag en vervloekt zij hij bij nacht. Vervloekt zij zijn liggen en vervloekt zij zijn staan. God zal zijn naam vernietigen onder de zon en hem afsnijden van alle stammen van Israël' zo staat er onder meer te lezen in de banvloek die over de 23-jarige Spinoza werd uitgesproken. Het document eindigde met de waarschuwing dat niemand met hem onder een dak mag verkeren of zijn geschriften mag lezen. Een betere reclame voor zijn werk was nauwelijks denkbaar. Ook met zijn familie kwam Spinoza in de knel. De erfenis die zijn vader hem had nagelaten werd betwist door zijn zus Rebecca. Uit de rechtszaak die volgde valt veel te leren over het principiële karakter van Spinoza. Hij tekende protest aan, kreeg gelijk en won de rechtszaak. Vervolgens vertelde hij zijn zuster dat ze de erfenis mocht houden. Zonder huis en zonder geld kwam Spinoza in contact met Franciscus van den Ende, een ex-jezuïet die

Het Spinoza-festival in de Bijlmer werd op 2 mei 2009 geopend door koningin Beatrix.

libertijns was geworden. Hij kreeg onderdak in de seculiere school van Franciscus. Hij leerde er Latijn, kwam in contact met de klassieken en andere libertijnen, en gaf zelf les in Hebreeuws en Spaans.

Voor de synagogebestuurders was het een doorn in het oog dat Spinoza nog altijd vrij rondliep in Amsterdam en doorging met zijn 'duivelse' werk. Zij wilden hem de stad uit hebben, want 'de loutere aanwezigheid van deze afvallige, was een aanhoudende provocatie'. Het stadsbestuur liet zich echter niet door een paar rabbijnen overhalen om iemand die niets gepubliceerd had, tot ballingschap te veroordelen. Maar de rabbijnen kregen het voor elkaar om de calvinistische elite aan hun zijde te krijgen. Op aandringen van calvinistische geestelijken ging het stadsbestuur in 1660 uiteindelijk overstag en werd de beklaagde voor enkele maanden uit Amsterdam verbannen. Spinoza is er nooit teruggekeerd.

Vanuit Rijnsburg en later Den Haag begon hij met het publiceren van zijn werken. Tussendoor sleep hij lenzen om in zijn onderhoud te kunnen voorzien. Na de anonieme verschijning van zijn *Tractatus theologico-politicus* [1670] brak er een storm van verontwaardiging los door Europa, vanwege het monsterachtige atheïsme dat men er in meende aan te treffen. Spinoza werd omschreven als 'de meest schaamteloze aller stervelingen'. Spinoza's sobere levenswijze deed op geen enkele manier recht aan de beschuldigingen. Hij leefde als een heilige. Hij was celibaat, at uitsluitend eenvoudig voedsel en dronk hooguit twee keer per maand een kelk wijn.

Verder leefde hij een teruggetrokken bestaan in een kamertje vol boeken, glas en gereedschap. Ook verwarden zijn vijanden zijn filosofische opvattingen over God met atheïsme. De scherpe reacties op zijn ideeën deden hem

Liefdesbetuigingen aan Spinoza, gemaakt door de bewoners van de Bijlmer.

besluiten te wachten met de publicatie van zijn belangrijkste werk, de *Ethica*. Het wordt door zijn vrienden pas na zijn dood in 1677 uitgegeven. De *Ethica* wordt beschouwd als Spinoza's magnum opus maar door velen ook als een praktisch onleesbaar boek. Zijn ideeën omtrent God, moraal, vrijheid en de staat gingen radicaal tegen de tijdgeest in, maar zijn van grote betekenis gebleken.

6 | **Cultuurstad**
Museumkwartier

Na 1870 barst de zeventiende-eeuwse stad uit haar voegen en verrijzen er in hoog tempo nieuwe wijken in de polder. De Pijp, het Museumkwartier, de Concertgebouwbuurt en de Vondelparkbuurt behoren tot de eerste stadsuitbreidingen uit die tijd. De wijken ontstonden gedurende de 'Tweede Gouden Eeuw' van Amsterdam. De haven en industrie bloeiden op en Amsterdam deed er alles aan zich als een waardige hoofdstad van een koloniaal rijk te presenteren, met een cultuuraanbod dat zich kon meten met Londen en Parijs. Met dat doel verschenen prestigieuze gebouwen zoals het Rijksmuseum en het Concertgebouw.

Standbeeld van Vondel in het Vondelpark.

Museumkwartier

(3,5 km, ± 2 uur). Aanbevolen tijd: Doordeweeks.

In deze wandeling komt Amsterdam als cultuurstad naar voren. Locaties waar theater, architectuur, literatuur, musea en muziek een belangrijke rol spelen passeren de revue. De route voert langs het Leidseplein, het Vondelpark, het Museumplein en het chique deel van negentiende-eeuws Amsterdam. Daarna steken we over naar het 'Quartier Latin' van Amsterdam: de Pijp.

Leidseplein

❶ Het Leidseplein is genoemd naar de Leidsepoort die zich hier tot 1862 bevond. Die vormde de grens van de zeventiende-eeuwse stad. Het plein is sinds de jaren twintig hét uitgaanscentrum van Amsterdam, met het Rembrandtplein als goede tweede. Hier zetelen de bekendste theaters, pop-podia, bioscopen, cafés en coffeeshops. De voertaal is hier Engels, maar een paar stappen verder vindt men bijzondere, sfeervolle en minder toeristische cafés die erg de moeite waard zijn. Zie de kaart voor een paar suggesties.

De stadsschouwburg op het Leidseplein.

Stadsschouwburg en Melkweg

Meest in het oog springt de Stadsschouwburg uit 1894, gebouwd door A.L. van Gendt, tevens architect van het Concertgebouw. De verschillende standen hadden er hun eigen ingangen en plaatsen. De chic arriveerde per koets onder de speciale overkapping. Vandaar kon men meteen doorlopen naar de luxe foyer. Geringere standen moesten het doen met de zij-ingang en een plaatsje helemaal achterin. Later werd dit afgeschaft en mocht iedereen door de hoofdingang. Sinds 2009 wordt de hoofdingang in beslag geno-

men door café-restaurant Stanislavski. De theaterbezoekers zijn daardoor veroordeeld tot de zij-ingang, ongeacht klasse of stand. Vanaf het bordes van de Stadsschouwburg laten Ajax-spelers zich toejuichen na het winnen van belangrijke toernooien. Het is ook voor publiek toegankelijk. Boven in de voorgevel ziet u de letters SPQA, de afkorting van *Senatus Populus Que Amstelodamensis*, 'Senaat en Volk van Amsterdam'. Een letterlijke verwijzing naar de Romeinen die de afkorting SPQR voerden in hun banieren. Elk jaar op 1 januari werd in de Stadsschouwburg de *Gijsbrecht van Aemstel* van Vondel opgevoerd. In 1969 kwam een einde aan deze traditie. De opkomende jeugdcultuur brak met stoffige tradities en richtte haar eigen cultuurcentra op. Bijvoorbeeld de Melkweg, centrum voor popmuziek, dans, theater en film, sinds 1970 gevestigd in een oude melkfabriek achter de Stadsschouwburg. In 2008 werden de twee met elkaar verbonden door een nieuwe zaal, die tussen de beide gebouwen inhangt.

Leidse Bosje

❷ De monumentale boom in het plantsoen aan uw rechterhand bevat een kunstwerk, van een onbekende kunstenaar, waar u gemakkelijk aan voorbij loopt. Als u goed

Aletta Jacobs, de eerste Nederlandse vrouw die promoveerde.

Over het mannetje met de zaag wordt verteld dat het gemaakt is door koningin Beatrix.

kijkt ziet u op de laaghangende horizontale tak rechts van de stam een bronzen mannetje dat met een handzaag bezig is de tak door te zagen.

Tesselschadestraat

❸ Maria Tesselschade [1594-1649] was een van de twee zusters die deel uitmaakten van de Muiderkring, een erudiet cultureel gezelschap uit de zeventiende eeuw. Zij verkeerde daar in het gezelschap van vele straatnamen o.a. Hooft, Vondel, Bredero, Huygens en Vossius. Tezamen waren zij de grondleggers van de Nederlandstalige literaire cultuur.

In deze straat zijn ook nog sporen van een andere talentvolle vrouw te vinden. Aletta Jacobs [1854-1929] woonde op de hoek van Tesselschadestraat en Roemer Visscherstraat. Een plaquette om de hoek herinnert daaraan. Jacobs bezocht als eerste vrouw de HBS en de universiteit en was de eerste vrouw die promoveerde. Als arts had zij een bloeiende praktijk en ze zette zich in voor de emancipatie van de vrouw. Zij was een vroege voorvechter van geboortebeperking en hielp behoeftige vrouwen kosteloos.

Roemer Visscherstraat

④ Koopman Roemer Visscher was de vader van Maria Tesselschade. Hij noemde zijn dochter Tesselschade omdat hij tijdens haar geboorte een schip had verloren op de rede van Texel. Zij had dus ook Gibraltarschade of Kattegatschade kunnen heten.

Verderop in de straat vinden we aan de rechterkant de 'Zevenlandshuizen', een architectonische uiting van vroege globalisering. Elk huis vertegenwoordigt een bouwstijl uit een Europees land. Nummer 20 staat voor Duitsland en dan volgen Frankrijk, Spanje, Italië,

Rusland, Nederland en Engeland. Ze werden gebouwd in 1894 door Tjeerd Kuipers en geven uiting aan het verlangen naar verre streken, het zogenaamde exotisme.

Vondelstraat

⑤ In de tweede helft van de negentiende eeuw verdubbelde het aantal Amsterdammers. De stad werd uitgebreid in verschillende richtingen. De Vondelstraat was een van de eerste straten buiten de zeventiende-eeuwse stadsgrens. Het moest een mooie straat worden met chique huizen. Pierre Cuypers – architect van het Rijksmuseum en het Centraal Station – ontwierp de straat en de markante Vondelkerk.

Vrijmetselaars

Op de hoek rechts bevindt zich het gebouw van de 'Orde van Vrijmetselaren onder het Grootoosten der Nederlanden'. Hier komen zeven 'loges' (afdelingen) van vrijmetselaars samen. De vrijmetselarij is een spirituele stroming die haar oorsprong vindt in het bouwmeestersgilde. De loges zijn alleen toegankelijk voor mannen. Boven de ingang is

het symbool van de vrijmetselaars aangebracht: de passer en de winkelhaak, attributen van de architect. De orde maakt veel
gebruik van symboliek, uit verschillende religieuze tradities. Het ronde venster bevat een

*De 'Orde van Vrijmetselaren onder het Grootosten
der Nederlanden' komen samen in dit gebouw.*

pentagram, de vijfpuntige ster. Het symbool
van het Olympisch vuur werd door een
Amsterdamse vrijmetselaar bedacht en voor
het eerst toegepast op de Olympische Spelen
van Amsterdam in 1928.

Woonhuis Cuypers
De architect Cuypers woonde zelf ook in de
Vondelstraat, op nummer 77-79. Op zijn huis
zijn diverse decoraties te zien, waaronder een
tegeltableau met drie mannen. Onder de
figuren staan teksten: 'Jan bedenkt het' (de
architect), 'Piet volbrengt het' (de bouwer)
en 'Klaas laakt het'. Met Klaas werd de criti-
cus bedoeld, of wellicht ook de gemeente,

*Het huis van Pierre Cuypers, architect van o.a. het
Rijksmuseum en het Centraal Station.*

die van Cuypers telkens weer nieuwe plannen en schetsen verlangde voor de Vondelstraat en het Rijksmuseum.

Vondelkerk
❻ Sinds het herstel van de bisschoppelijke
hiërarchie in Nederland [1853] verrezen er
overal in Amsterdam uitbundige katholieke
kerken, veelal in neo-gotische stijl, waarvan
er zes door Pierre Cuypers werden gebouwd.

De Vondel- of Heilig Hartkerk in de Vondelstraat.

Zo ook de Vondel- of Heilig Hartkerk, ingewijd in 1872. Cuypers bezocht er zelf de mis.
In 1979 verkocht het bisdom de kerk voor
een gulden aan een belegger. Er werd een
sloopvergunning aangevraagd en het
gebouw werd tot 1985 gekraakt. Een stichting redde het van de ondergang en tegenwoordig kan de kerkruimte worden gehuurd
en huizen er verschillende bedrijven, waaronder de Stichting Stadsherstel.

Vondelparkpaviljoen, Filmmuseum

7 Bij het betreden van het Vondelpark valt
op dat het veel lager ligt dan de omgeving.
Dit hoogteverschil is de oorzaak van verschillende problemen (zie kader op p. 162). Recht
vooruit ziet u het standbeeld van Vondel en
aan uw linkerhand verschijnt het Vondelparkpaviljoen, sinds 1975 bekend als het
Filmmuseum.

Anthony Fokker

De witte vrijstaande villa rechts van het
Vondelparkpaviljoen (Roemer Visscherstraat 47) werd vanaf 1919 bewoond door
luchtvaartpionier en vliegtuigbouwer
Anthony Fokker [1890-1939]. Hij kreeg
bekendheid toen hij in 1911 rondjes vloog
rond de kerktoren van Haarlem in zijn
eerste vliegtuig, 'de Spin'.
In 1912 vestigde hij zich als vliegtuigbouwer in Duitsland. Tijdens de Eerste
Wereldoorlog bouwde de Fokkerfabriek
meer dan 3.300 vliegtuigen, waarvan de
meeste bestemd waren voor de Duitse
strijdkrachten. Fokker ontwikkelde een
mitrailleur die tussen een draaiende pro-
peller door kon schieten, wat de Duitse
luchtmacht een voorsprong gaf op de
Geallieerden. De Rotterdamse concurrent
van Fokker, vliegtuigbouwer Koolhoven,
produceerde tegelijkertijd vliegtuigen

*Luchtvaartpionier Fokker woonde hier aan het Von-
delpark.*

voor de Geallieerden. Het kon dus gebeuren dat boven het front luchtgevechten plaatsvon-
den tussen twee toestellen, beide ontworpen door neutrale Nederlanders. In 1919 keerde
Fokker uit Duitsland terug met 350 goederenwagons, beladen met vliegtuigen en moto-
ren. Hij richtte de Nederlandsche Vliegtuigfabriek Fokker op, die eind jaren twintig uit-
groeide tot de grootste vliegtuigfabriek ter wereld.

In het Vondelparkpaviljoen is het Filmmuseum gevestigd. In 2011 verhuist het museum naar nieuwbouw aan de IJ-oever.

Rechts van het Filmmuseum ziet u de witte vrijstaande villa die werd bewoond door Anthony Fokker, oprichter van de gelijknamige vliegtuigfabriek (zie kader).

Vondelpark

❽ Het Vondelpark is het bekendste en grootste park van Amsterdam. Voor het rennen van een volledige marathon (42 km) dient men precies 14 rondjes in het park af te leggen. Het is – op Schiphol na – ook de diepste plek van Amsterdam: twee meter onder NAP (p. 206). Sinds 1996 is het park een rijksmonument. Jaarlijks bezoeken gemiddeld tien miljoen mensen het park. Het werd in 1864 aangelegd aan de rand van de toenmalige stad, en heette aanvankelijk Rij- en Wandelpark. Toen een paar jaar later het standbeeld van Vondel werd geplaatst ging het Vondelpark heten. In het park is een openluchttheater, ontstaan uit de happenings van de hippies. 's Zomers van woensdag tot en met zondag zijn er gratis toegankelijke voorstellingen.

'Fondle'park

In het begin van de jaren zeventig kreeg het Vondelpark wereldwijd bekendheid als

Een zomerse dag in het Vondelpark.

Vreemde vogels

Zelfs de dierenpopulatie van Amsterdam is multicultureel geworden. Van de ongeveer dertig vogelsoorten die in het Vondelpark broeden heeft u de meeste kans op een ontmoeting met de uitheemse halsbandparkiet. Deze gifgroene papegaaiensoort komt in grote getale voor in heel de Benelux, vooral in stadsparken. De vogel is afkomstig uit Afrika en India en het eerste – waarschijnlijk uit een kooi ontsnapte – exemplaar werd in 1963 in Amsterdam gespot. De populatie wordt tegenwoordig geschat op 8.000 (België) en 6.000 (Nederland). Oude stadsparken zijn een favoriete verblijfplaats van de parkieten. Daar vinden ze veel nestholten van vroegere bewoners.

In 2008 stelde CDA-kamerlid Henk Jan Ormel voor om de vreemde vogels vogelvrij te verklaren. Afschieten, verdrijven en verwijderen. 'Nederland is geen safaripark', aldus het kamerlid. De exotische vogels zouden mezen, spechten en boomklevers van hun nestplaatsen beroven. Ze hangen in grote groepen rond in bomen en zorgen met hun hels gekrijs voor geluidsoverlast. Maar vooralsnog wordt de populatie gedoogd. Als verwijzing naar de multiculturele samenleving werden de vogels zelfs afgebeeld op het nieuwe Spinozamonument (p. 145).

Deze allochtone vogel is in Amsterdam geen vreemde verschijning meer.

slaappark voor hippies, nadat op de Dam een slaapverbod van kracht werd. De stad speelde in 1971 in op de nieuwe situatie met het Vondelparkproject. Dit project moest een nieuw hoofdstuk toevoegen aan Amsterdam als stad van gastvrijheid en tolerantie. Er werden verschillende faciliteiten geschapen om het de jeugd met een bescheiden budget naar de zin te maken. Er was een ziekenzaal voor mensen met een slechte trip (soms misbruikt door parkslapers die weleens een bed wilden), een informatiestand en een toiletwagen. Bij de ingang vermeldde een bord:

'No dealing, no harddrugs, smoking oké.' Het Vondelparkproject baarde opzien over de gehele wereld. De *New York Times* wijdde er een bijlage aan en in de underground-pers werd het park omgedoopt tot 'Fondlepark' (knuffelpark). De KLM adverteerde in de Verenigde Staten met de slogan: 'Fly KLM and sleep in the Vondelpark.' Pan American organiseerde zelfs speciale hippievluchten naar Amsterdam met live muziek en een macrobiotisch ontbijt aan boord.

Op zomerse dagen sliepen wel 2.000 jongeren in het park. Vooral op zondagen was het

Bomen op palen

Het zompige Vondelpark herinnert de Amsterdammers er dagelijks aan dat hun stad werd gebouwd in een laagveengebied. De omgeving van het park werd rond 1870 met een halve meter opgehoogd om woningbouw mogelijk te maken. Hierdoor is het park het afvoerputje van de wijk geworden. Door de hoge grondwaterspiegel valt het niet mee om – behalve op zomerse dagen – een droog plekje te vinden voor een picknick. In 1883 werd er een stoomgemaal in gebruik genomen om het park te draineren. De drainage veroorzaakte echter problemen. Houten funderingen van omliggende woningen kwamen droog te staan en gingen rotten. Ook zakte de veenlaag nog verder in, waardoor het Vondelpark inmiddels ongeveer twee meter lager ligt dan de omliggende wijken. Sommige bomen hebben last van de hoge grondwaterspiegel en dreigen om te vallen omdat ze niet diep genoeg wortelen. Om deze bomen te redden zijn ze op een verhoging geplant en van een betonnen fundering voorzien.

Amsterdam staat wereldwijd bekend als de stad die op palen werd gebouwd. Tot de jaren zestig werden boomstammen gebruikt om de huizen te funderen. Nu wordt beton gebruikt om de bomen te funderen. In 2010 wordt de renovatie afgerond. Het park is dan weer klaar voor de toekomst.

druk als de halve stad uitliep om – met gemengde gevoelens – naar de hippies te komen kijken. In de zomer van 1973 werd het hoogtepunt bereikt met 100.000 overnachtingen.

Het project veroorzaakte uiteenlopende problemen, zoals berovingen en drugshandel. De regels werden aangescherpt. Voor veel parkslapers was er daardoor geen lol meer aan. In 1975 kwam er een slaapverbod, naast het Vondelpark werd een jeugdherberg geopend.

P.C. Hooftstraat

9 De P.C. Hooftstraat, kortweg 'de PC' is een winkelstraat met een reputatie van glamour en snel geld. Het is een van de weinige straten in Amsterdam waar men bij voorkeur winkelt per auto. De straat is sinds 2005 jaarlijks het toneel van een wonderlijke wedstrijd: de finale van de Stiletto Run. De deel-

Nietsverhullende mode in de P.C. Hooftstraat.

Blik op het Museumplein vanaf het terras aan de Paulus Potterstraat.

neemsters moeten bij dit evenement 75 meter door de winkelstraat rennen op hakken van minimaal negen centimeter hoog. Om de straatstenen niet teveel te belasten, worden slechts 150 deelnemers toegelaten. De winnaar wint € 10.000 winkelgeld. Het evenement heeft navolging gekregen in Duitsland, Rusland en Frankrijk.

Museumplein

🔟 Het museumplein dankt zijn naam aan het in 1885 geopende Rijksmuseum. Ook het Stedelijk Museum en het Van Gogh Museum werden aan het Museumplein gevestigd. De Wereldtentoonstelling van 1883 vond er plaats (zie kader p. 164), de Wehrmacht en de SS gebruikten het als exercitieplaats bij het bezoek van Heinrich Himmler, en in 1981

vond er de grootste demonstratie uit de Nederlandse geschiedenis plaats: op 21 november 1981 protesteerden hier 420.000 mensen tegen de plaatsing van nieuwe kernwapens in Europa.
Het museumplein werd in 1999 opnieuw ingericht naar een ontwerp van de Deense architect Sven Andersson. Kenmerkend detail is het 'ezelsoor', een schuin oplopende hoek waaronder de ingangen van een parkeergarage en een supermarkt gelegen zijn. Wat Andersson voor ogen stond was 'een oog van een orkaan, een lege plaats, klaar om gevuld te worden met de vitaliteit van de stad eromheen'. Hij ontving voor het ontwerp postuum een internationale prijs. Maar tien jaar later staan er weer ingrijpende veranderingen op stapel. Het Stedelijk Museum en het Rijks-

Wereldtentoonstelling van 1883

Om het nieuwe welvarende Amsterdam aan de wereld te tonen vond in 1883 op het huidige Museumplein een wereldtentoonstelling plaats. Na het succes van tentoonstellingen in Londen [1851] en Parijs [1878] kon Amsterdam niet achterblijven. Het Nederlandse paviljoen presenteerde er o.a. haar koloniale handel en rijkdommen. Een populaire attractie waren de 28 inboorlingen uit Suriname, die werden tentoongesteld in hun natuurlijke omgeving. Voor een kwartje extra entree kon het publiek deze 'primitieve wilden' bekijken. De 'lage' status van hun ontwikkeling werd als volgt verklaard: 'Zij leeren niets aan, tengevolge waarvan deze bevolking steeds is staande gebleven op den laagsten trap van ontwikkeling, die zich nauwelijks boven volstrekte barbaarschheid verheft.'
De wereldtentoonstelling trok minstens een miljoen bezoekers en gaf Amsterdam een enorme economische impuls. Het toerisme, vandaag zo belangrijk voor de stad, kwam hierdoor voor het eerst goed op gang.

---

museum verplaatsen hun ingangen naar de zijde van het plein. Het Concertgebouw en het Van Gogh Museum hebben ook verbouwingsplannen. Verwacht wordt dat het aantal bezoekers gaat groeien van 3,5 naar 5 miljoen per jaar. Door de aanleg van de Noord/Zuidlijn zal een groot deel van hen het plein straks uit een andere richting naderen.

Stedelijk Museum
Het legaat van de steenrijke weduwe Sophia Augusta Lopez Suasso, van Portugees-joodse afkomst, vormde in 1895 de basis voor het nieuwe Stedelijk Museum aan de Paulus Potterstraat. Haar collectie is inmiddels overgegaan naar het Amsterdams Historisch Museum. Ook het werk van Van Gogh was oorspronkelijk in het Stedelijk te zien. De reputatie van een 'progressief, dynamisch centrum van moderne kunst' kreeg het museum pas onder leiding van Willem Sandberg [1897-1984]. Hij was directeur van 1945 tot 1962.

Sandberg wilde tentoonstellen wat 'vooruitwijst in de richting waarin onze maatschappij zich beweegt'. Opzienbarend was het werk van de CoBrA-groep, van kunstenaars als

Het 'ezelsoor' met daarachter de bouwwerkzaamheden van het Stedelijk Museum.

Karel Appel en Corneille. Zo verwierf het museum faam als centrum van moderne cultuur. Die internationaal vermaarde positie kon het museum niet vasthouden. Ingevolge de wens van de erven Van Gogh werd in 1962 besloten een apart museum voor

Vincent van Gogh op te richten. De opening van dat museum betekende een aderlating voor het Stedelijk.

Maar de huidige vaste collectie is nog steeds erg de moeite waard met o.a. veel werk van Malevitsj en CoBrA-kunstenaars. Wegens renovatie en verbouwing verhuisde het museum in 2004 tijdelijk naar het Post CS gebouw. Toen in oktober 2008 ook het Post CS-gebouw definitief moest sluiten, was het aantal bezoekers gehalveerd en zat het museum lange tijd zonder gebouw. De heropening vindt plaats in 2010.

Museumplein met rechts de 'mossel' van het Van Gogh Museum.

Van Gogh Museum

Het Van Gogh Museum is met zo'n 1,5 miljoen bezoekers per jaar het best bezochte museum van Nederland. Het gebouw werd ontworpen door de Nederlandse architect Gerrit Rietveld en opende in 1973 haar deuren. De nieuwe uitbreiding staat er los achter en wordt ook wel 'de mossel' genoemd. Dit deel wordt gebruikt voor tijdelijke tentoonstellingen en is ontworpen door Kisho Kurokawa in 1999.

De collectie wordt grotendeels gevormd door

de verzameling van Theo van Gogh, die 200 schilderijen en 500 tekeningen van zijn jongere broer Vincent, bezat. Vincent van Gogh is uitgegroeid tot prototype van de miskende, geniale kunstenaar en zijn werk is populair in heel de wereld. Ook de ongeveer 850 brieven die Vincent van Gogh aan zijn broer schreef zijn in het bezit van het museum. Daarnaast is het Van Gogh Museum een 'museum van de negentiende eeuw' geworden met werken en tentoonstellingen van tijdgenoten en inspiratoren van Van Gogh.

Concertgebouw

11 In 1881 besloot Amsterdam de hoofdstad een volwaardige concertzaal te schenken. Het Concertgebouw werd gebouwd door A.L. van Gendt. De gevel van het Concertgebouw is ontworpen in de stijl van het Weens classicisme. Als voorbeeld gebruikte Van Gendt het Neue Gewandhaus in Leipzig (dat bij een bombardement in 1943 werd verwoest). De eerste jaren contrasteerde het

gebouw nogal met haar omgeving. Het stond als een eenzame klassieke tempel in een mistige polder en werd slechts omringd door sloten en koeien. Het Concertgebouw werd gebouwd in wat destijds juridisch nog Amstelveen was. Het duurde even voor de onteigening van de weilanden rond was zodat de stad kon oprukken tot aan het Concertgebouw. De opening vond plaats in 1888. Vanwege de superieure akoestiek geldt het Concertgebouw als een van de drie beste zalen ter wereld voor symfonische muziek (zie ook p. 172).

Het Ortskommandantur van de Wehrmacht, nu in gebruik als Amerikaans consulaat.

Amerikaans consulaat

⓬ De stadsvilla op de hoek van het museumplein met het hoge hek eromheen is in gebruik als Amerikaans consulaat. Dit verklaart ook de hoge veiligheidseisen waaraan de omgeving moet voldoen. Behalve het hek, de camera's en de permanent bezette politiepost liggen er ook stevige betonblokken rond het gebouw, vermomd als aardige zitjes voor wandelaars, of als plantenbak. Als de Amerikaanse vlag wappert is de consul aanwezig. Tijdens het uitbreken van de Irak-oorlog in

2003 werd het pand extra beveiligd met een ring van stalen containers. Gedurende de Tweede Wereldoorlog was het pand in gebruik als hoofdkwartier (*Ortskommandantur*) van de Wehrmacht.

Coster Diamonds

⓭ Aan de Paulus Potterstraat staan ter hoogte van de Museumwinkel de stadsvilla's van Coster Diamonds, voor veel bezoekers een plek om kennis te maken met diamantstad Amsterdam (p. 139). Cor Coster [1920-2008] maakte fortuin met de handel in goud en zilver. Later werd hij de eigenaar van het familiebedrijf Coster Diamonds. Maar vooral kreeg hij bekendheid als de schoonvader en zaakwaarnemer van de voetballer Johan Cruijff, die in 1968 met zijn dochter Danny trouwde. Coster zag namelijk als een van de eersten de grote commerciële mogelijkheden van het betaalde voetbal en maakte de spelers bewust van hun commerciële waarde. Dankzij 'Ome Cor' gingen de internationals aanzienlijk meer verdienen. Door bemiddeling van zijn schoonvader stapte Cruijff in 1973 over naar Barcelona.

De drie stadsvilla's van Coster Diamonds aan de Paulus Potterstraat.

Rijksmuseum

⑭ Het Rijksmuseum is het nationale museum voor oude kunst en geschiedenis en het grootste museum van Nederland. Met het vertrek van Willem V in 1795 naar Engeland bleven zijn kunstschatten onbeheerd achter. Het belangrijkste deel hiervan werd door de Fransen opgeëist en in Parijs tentoongesteld. Voor de rest werd een 'Nationale Konst Gallerij' ingericht die in 1800 werd geopend in het Huis ten Bosch in Den Haag, nu het werkpaleis van koningin Beatrix. In 1808 verhuisde het museum op bevel van Lodewijk Napoleon naar Amsterdam waar het achtereenvolgens was gevestigd in het paleis op de Dam en het Trippenhuis. Het huidige gebouw werd in 1885 in gebruik genomen.

Het gebouw

Het Rijksmuseum is het indrukwekkendste gebouw van Amsterdam. In een stad die uitblinkt door de afwezigheid van overweldigende architectuur en monumentale pleinen, is het museum een opvallende uitzondering. Het is geen toeval dat het gebouw lijkt op het Centraal Station. Beide gebouwen zijn ontworpen door Pierre Cuypers. Het Centraal Station werd als een toegangspoort aan de noordkant van de stad gebouwd en het Rijksmuseum vormde, gespiegeld daaraan, een poort tussen de oude stad en de nieuwe wijken ten zuiden daarvan. Veel protestantse Amsterdammers vonden het maar niks dat de katholieke architect Cuypers zo duidelijk zijn stempel op de stad drukte. Zijn stijl, waarin gotische (dus katholieke) elementen te herkennen waren, was volgens hen niet geschikt voor een nationaal museum. Het gebouw bevat veel details met verwijzingen naar de kunstgeschiedenis van Nederland.

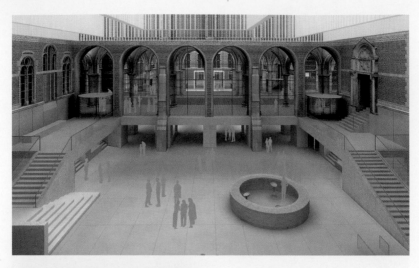

Pierre Cuypers kijkt langs de dakrand van zijn bouwwerk.

Ook een beeldje van de architect zelf is te zien, aan de achterzijde nabij de poort, terwijl hij langs de goot kijkt.

Collectie

De basis van de Rijksmuseumcollectie is de kunstverzameling van de stadhouderlijke familie Oranje-Nassau. Deze werd uitgebreid door koning Lodewijk Napoleon en later door allerlei particuliere schenkingen. De Neder-landse schilderkunst uit de Gouden Eeuw is de voornaamste publiekstrekker. De *Nacht-wacht* en *Het Joodse Bruidje* van Rembrandt en het *Melkmeisje* van Vermeer behoren tot het collectieve geheugen van Nederland. Maar ook de collecties meubels, glas, zilver en porselein zijn wereldberoemd. In 1952 werd ook het museum voor Aziatische kunst in het Rijksmuseumgebouw gevestigd. Sindsdien heeft het Rijksmuseum vijf afdelin-gen: Schilderijen, Beeldhouwkunst en kunst-nijverheid, Nederlandse geschiedenis, Rijks-prentenkabinet en Aziatische kunst.

Renovatie en fietstunnel

Door de renovatie is slechts een klein deel

van de collectie te zien. De verbouwing moet het gebouw toegankelijker en moderner maken. Een grote ondergrondse lobby gaat de verschillende delen van het museum met elkaar verbinden. De plannen voorzagen ook in een nieuwe centrale ingang in de onderdoorgang van het Rijksmuseum. De functie van fietstunnel zou daarmee komen te vervallen. Maar de Spaanse architect had buiten de krachtige fietslobby gerekend. De onderdoorgang diende als verbinding tussen het oude centrum en het nieuwe Zuiden van de stad. Voor generaties museumdirecteuren was de tunnel een doorn in het oog. Zij zagen het als een snelweg dwars door hun museum. Nietsvermoedende toeristen moesten regelmatig opzij springen voor de langsrazende fietsers. De discussie laaide weer op

bij de presentatie van de nieuwbouwplannen van het Rijksmuseum in 2004. Het conflict werd uiteindelijk door de rechter beslecht in het voordeel van de fietsers. Het ontwerp moest worden aangepast en de ingang worden verplaatst. De oplevering van het gerenoveerde museum was gepland voor 2008, maar zal niet voor 2013 plaatsvinden.

De Pijp

⓯ De wandeling eindigt in de Pijp, een karakteristieke wijk die eind negentiende eeuw gebouwd werd voor arbeiders en ambachtslieden. De wijk is grotendeels behouden gebleven en de smalle straten en vele gezellige kroegjes maken het een ontdekkingstocht waard. Het negentiende-eeuwse, noordelijke deel van de Pijp is pure

Typische gevelrij in de negentiende-eeuwse volkswijk de Pijp.

Het Sarphatipark, de gezamenlijke tuin van de Pijpbewoners.

revolutiebouw. De verdiepingen werden opgedeeld in voor- en achterhuizen. Woningen boven de 50 m² zijn er nog steeds zeldzaam. De kwaliteit van de huizen was door de zuinigheid van de bouwers zo slecht dat sommige huizen al tijdens de bouw instorten. De bevolking was vanaf het begin uiterst gevarieerd: arbeiders, kunstenaars, studenten en prostituees. Veel rijke heren uit de Vondelpark- of Museumbuurt hielden er in de Pijp een maîtresse op na, die op hun kosten een huisje huurden. Dankzij de bewoners, de vele kroegjes en het levendige karakter van de Pijp werd de wijk ook wel het 'Quartier Latin' van Amsterdam

genoemd, naar de artistieke volkswijk in Parijs. De naam Pijp is waarschijnlijk ontleend aan de fabriekspijpen van bierbrouwer Heineken en de kaarsenfabriek die vroeger prominent aanwezig waren.

De Pijp kan ook worden beschouwd als de wijk van de Nederlandse literatuur. In de jaren tachtig van de negentiende eeuw was het de bakermat van de kritische literaire stroming 'de Tachtigers'. Schrijvers als Herman Heijermans, Jacob Israël de Haan en Frederik van Eeden woonden en schreven er. Ook later woonden veel bekende schrijvers in de Pijp. Zoals Simon Vinkenoog (Govert

Flinckstraat 147) en Gerard Reve. De Jozef Israëlskade 415, waar Reve woonde, heet in zijn roman *De Avonden* de 'Schilderskade'. De

De populaire Albert Cuypmarkt.

meeste van de schrijvers waren niet positief over de wijk: 'Het is een voos en ziekelijk uitwas', aldus Frederik van Eeden in 1882. 'Haar aanleg was een afschrikwekkend voorbeeld van rammelende stadsuitbreiding', schreef Ferdinand Bordewijk in 1947. En: '...de verloedering van de Pijp, die als een vraatzuchti-

ge schimmel door de negentiende-eeuwse straten vrat, was letterlijk adembenemend', aldus Cees Nooteboom in *Rituelen* [1980]. Sinds de jaren negentig wordt de wijk gunstiger beoordeeld. Huizen werden opgeknapt en de buurt werd kleurrijker, schoner en rijker. In de Pijp woont tegenwoordig een bonte mix van meer dan 144 nationaliteiten en de wijk is één van de populairste locaties in Amsterdam om te wonen, te winkelen en uit te gaan. In de wijk bevindt zich o.a. de bekende Albert Cuypmarkt, met het standbeeld van André Hazes, de diamantslijperij van Asscher, een prachtige buurt in Amsterdamse School-stijl en de voormalige bierbrouwerij van Heineken (zie kaart p. 154).

Het Concertgebouw

In 2008 verklaarde het vooraanstaande Britse muziektijdschrift Gramophone *het Koninklijk Concertgebouw-orkest tot beste orkest ter wereld. De London Symphony, de trots van de Britten, eindigde op vier. De Berliner en Wiener Philharmoniker op twee en drie. De culturele reputatie van Amsterdam is wel eens anders geweest.*

In de achttiende en negentiende eeuw lieten veel buitenlandse bezoekers zich nog laatdunkend uit over het culturele leven van Amsterdam. 'De muzikale smaak van de Hollander maakt de indruk van vóór den ijstijd te dateren', zo schrijft een Oostenrijkse gastdirigent in 1883. 'Orkestleden gebruikten iedere

Met de slogan 'I amsterdam' wordt Amsterdam als cultuurstad aan de man gebracht.

pauze brandewijn, raken slaags en vallen onder de voorstelling in slaap. Kaukasische wegwerkers kunnen niet zulk een zedeloze en ruwe indruk maken als de musici die ik moest dirigeren!' De beroemde componist Brahms besloot om die reden voor een uitvoering in Amsterdam zelf een orkest uit Duitsland mee

te nemen. Amsterdammers en Nederlanders stonden – en staan misschien nog steeds – internationaal bekend als grof, bot en weinig fijnbesnaard. Amsterdam kreeg in de negentiende eeuw bovendien de reputatie een verlopen, ranzige havenstad te zijn, waar de huizen bijna omvielen en de tijd was blijven stilstaan.

De aanleg van het Concertgebouw, het Rijksmuseum en het Museumplein moesten daar verandering in brengen. Rond het museumplein moest een indrukwekkend museumkwartier komen zoals alleen 'echte' steden die hadden. In relatief korte tijd zou Amsterdam zich opwerken tot culturele hoofdstad van Nederland. Maar ook in het buitenland wilde men een goede indruk achterlaten. Daartoe moest het Amsterdamse publiek worden 'geciviliseerd'. Orkestdirecteur van het eerste uur, Willem Kes, begon met goede moed een soort beschavingsoffensief. In 1890 liet hij de zaaldeuren na aanvang van het concert sluiten. In- en uitlopen werd niet langer getolereerd. In 1893 werden de tafels en bediening uit de concertzaal verwijderd. Tijdens concerten mocht er niet meer gedronken, gekletst, gerookt of gelopen worden. Het enige wat nog was toegestaan was aandachtig luisteren, in rijen achter elkaar. Nu lijkt dat allemaal vanzelfsprekend, maar voor het

publiek van toen was het even wennen. Als opvolger van Willem Kes werd Willem Mengelberg [1871-1951] aangetrokken, een 24-jarige musicus die reeds internationale bekendheid genoot. Onder zijn leiding groeide het orkest uit tot een van de beste ter wereld. Hij nodigde beroemde componisten uit in Amsterdam om hun nieuwste composities ten gehore te brengen, onder wie Grieg, Mahler, Stravinsky, Schönberg en Richard Strauss. Maar het Concertgebouw werd niet alleen gebruikt voor klassieke muziek. Later kregen ook jazz en pop er de ruimte. Miles Davis, Chet Baker en Louis Armstrong stonden er, evenals Frank Zappa en The Who. Als de directie krap bij kas zat werd de zaal zelfs beschikbaar gesteld voor een bokswedstrijd of missverkiezing. The Doors speelden er in 1968 een instrumentale set zonder zanger Jim Morrison, die in het Wilhelminagasthuis lag om alcohol en hasj uit zijn maag te laten pompen. Begin jaren zeventig verhuisde de popmuziek naar

nieuwe locaties als Paradiso en Melkweg. Het Concertgebouw is sindsdien steeds meer een klassieke-muziektempel geworden.

Het culturele aanbod van Amsterdam is inmiddels wereldberoemd evenals het Concertgebouworkest, maar het cultuurbeleid krijgt ook veel kritiek. Het Rijksmuseum, het Stedelijk Museum, het Scheepvaartmuseum, het Vakbondsmuseum en het Filmmuseum zijn jarenlang dicht of beperkt open (geweest) wegens verbouwingen en verhuizingen. Dit heeft de bezoekersaantallen sterk negatief beïnvloed. Na de heropening is het nog maar de vraag of men die aantallen weer op het oude niveau krijgt. Ook wordt het stadsbestuur verweten vooral op rijke toeristen te mikken, die hier veel geld komen uitgeven. Vrijplaatsen staan onder druk en kunstenaars kunnen geen betaalbaar atelier meer krijgen en gaan de stad uit. Een dergelijke ontwikkeling wordt door velen als een verarming van het cultuuraanbod gezien.

7 | **Havenstad**
het Waterfront

Het belang van de haven voor Amsterdam behoeft geen toelichting. De welvaart én het karakter van de stad zijn erdoor gevormd. Ook de Amsterdamse openheid, vrijheid en tolerantie vinden uiteindelijk hun oorsprong in de afhankelijkheid van overzeese handel.

De grootste haven van Nederland is Amsterdam niet meer, die positie werd in de negentiende eeuw door Rotterdam overgenomen.

De rivaliteit tussen Amsterdam en Rotterdam – tegenwoordig vooral merkbaar bij voetbalwedstrijden – kreeg daarmee een aanvang.

Uitzicht over het IJ.

Maar de Amsterdamse haven bezet qua omvang nog altijd ongeveer de twaalfde positie op de wereldranglijst van grootste havens. Amsterdam heeft bijvoorbeeld de grootste cacao-haven ter wereld. In Zaandam maakt men daar chocolade van, wat soms tot in Amsterdam te ruiken is.

De eerste haven in middeleeuws Amsterdam bevond zich in het Damrak, dat doorliep tot aan de Dam, zodat de goederen direct van het schip naar de markt konden worden gebracht. De haven breidde zich in de loop der tijd in verschillende richtingen langs de IJ-oevers uit. Tot 1824 was de zee vanuit Amsterdam alleen via een omweg over de Zuiderzee bereikbaar.

Pas bij het eiland Texel koos men het ruime sop. Vanaf 1824 werd gebruik gemaakt van een kanaal van 75 km van het IJ tot aan Den Helder (p. 201). Met het groeien van de scheepvaart en de omvang van de schepen verhuisde de haven aanvankelijk naar de nieuw aangelegde oostelijke eilanden. Maar het nieuwe havengebied lag eigenlijk vanaf het begin aan de verkeerde kant. In 1876 werd het Noordzeekanaal geopend en werd de Zuiderzee afgesloten met de Oranjesluizen (p. 197). Het zwaartepunt van de haven kwam daarmee in het westen te liggen. De huidige Amsterdamse haven bevindt zich daardoor in Westpoort, Velzen en IJmuiden.

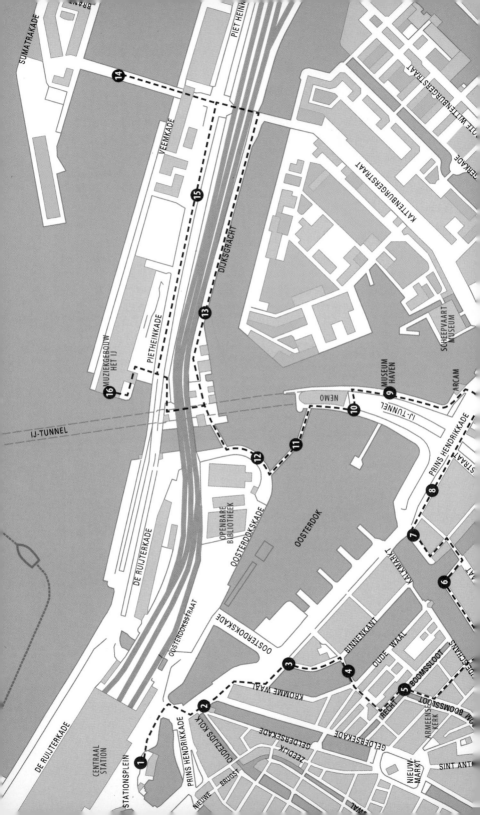

Waterfront

(4,5 km, ± 2,5 uur). Aanbevolen tijd: 's Avonds met zonsondergang aan het IJ.

Deze waterrijke wandeling loopt vanaf de middeleeuwse haven van Amsterdam naar het Oosterdok tot aan het Java-eiland en het IJ. Het is daarmee een vrijwel chronologische reis door de tijd. De wandeling voert langs rustige, nog nauwelijks toeristische grachten. U ziet pakhuizen, historische (woon)schepen en interessante moderne architectuur. Onderweg leert u de ontwikkeling en geschiedenis van maritiem Amsterdam kennen. Bijzondere gebouwen zoals de Montelbaanstoren, het NEMO, het Scheepvaartmuseum en het Muziekgebouw aan 't IJ passeren de revue.

Blik op het havenfront van zeventiende-eeuws Amsterdam.

❶ Centraal Station (zie p. 43)

Scheierstoren

❷ De Schreierstoren was vele jaren lang het vertrekpunt van zeereizen en expedities. Vrouwen namen hier afscheid van hun mannen en lieten hun tranen de vrije loop. Toch heeft de Schreierstoren haar naam niet te danken aan de huilende vrouwen. De naam is ontleend aan 'screye hoek' doordat de stadsmuur hier vroeger een scherpe (screye) hoek maakte (zie kaart p. 38, 39). Dit is de plek waar Willem Barentsz aan zijn noodlottige expeditie naar Nova Zembla begon en waar Cornelis Houtman als eerste koers zette naar Oost-Indië, de gordel van smaragd. Ook de avonturier Henry Hudson – Engelsman in dienst van de VOC – vertrok hier op zoek naar een route naar Indië via Noord-Amerika. Dat mislukte, maar en passant ontdekte hij wel een baai en een rivier die nu zijn naam dragen en vestigde hij een nieuwe handelspost. Die post op het eiland Manna-hata werd Nieuw Amsterdam genoemd en kennen wij nu als New York. Achter de Schreierstoren ligt de Geldersekade met aan het eind de Nieuwmarkt (p. 51).

Hotel Amrath, Scheepvaarthuis

❸ Het huidige Hotel Amrath werd gebouwd als het 'Scheepvaarthuis', een gemeenschappelijk gebouw voor verschillende havenkantoren. Het is een van de bekendste en vroegste voorbeelden van Amsterdamse School-

Het Scheepvaarthuis, een mooi voorbeeld van Amsterdamse School architectuur.

architectuur en werd gebouwd door Jan van der Mey in 1916. De opdrachtgevers verlangden dat in het ontwerp de grootsheid van de Nederlandse maritieme geschiedenis tot uitdrukking zou komen. Het gebouw is indrukwekkend gedecoreerd met smeedwerk, baksteen, natuursteen, glas in lood en sculpturen. Koppen van bekende zeilers en ontdekkers sieren de gevel. In dit bouwwerk gaat de beeldende kunst geheel op in de architectuur.

Kromme Waal en Oude Waal

❹ De Oude Waal werd al in 1377 in gebruik genomen als winterhaven. De oostkant van de stad was gunstig voor havenuitbreidingen. Hier waren grote watervlakten waar men eilanden in kon aanleggen zonder eerst

De Kromme Waal met zicht op de Montelbaanstoren.

kostbare onteigeningsprocedures te hoeven starten. Tegen het einde van de vijftiende eeuw werden er scheepswerven in de Waal gevestigd. De Waal ontwikkelde zich tot een bloeiende haven in dit deel van de stad. Het Waalseiland, waar nu o.a. Hotel Amrath staat, werd aangeplempt in 1664. Hier werden pakhuizen voor de West- en de Oost-Indische Compagnie gebouwd.

Rechtboomsloot en Kromboomsloot

❺ De Recht- en Kromboomsloot kregen hun naam dankzij scheepsbouwer Cornelis Boom, die er woonde en de grachten in 1537 liet graven. Hij behoorde tot de voornaamste gereformeerden van de stad en werd in 1568 om zijn geloof door Alva verbannen. De Recht- en Kromboomsloot behoren tot de meest schilderachtige grachten van Amsterdam in een bijna vergeten hoek van de binnenstad, waar toerisme nog nauwelijks is doorgedrongen.

Montelbaanstoren

❻ Vanaf het eiland Uilenburg, dat in 1593 werd aangelegd, heeft men een mooi uitzicht over de Oude Schans en de Montelbaanstoren. De toren werd gebouwd in 1516, althans het onderste gedeelte. Het maakte deel uit van een versterking die werd aangelegd om het kwetsbare havengebied te beschermen. Op de kaart uit 1544 (p. 38, 39) is dit goed te zien. De herkomst van de naam Montelbaanstoren is onduidelijk. Jarenlang was de toren een herkenningspunt voor zeelieden die vanaf de Zuiderzee Amsterdam naderden. Door stadsuitbreidingen in ooste-

lijke richting verloor de toren haar functie als herkenningspunt en bolwerk. In 1606 werd de toren voorzien van een spits met uurwerk. Dit voldeed echter niet aan de verwachtingen. Omdat de wijzers altijd de verkeerde

kant opwezen werd de toren ook wel 'Malle Jaap' genoemd. De spits werd bekleed met lood en geschilderd in de kleur van Bentheimer zandsteen. Hierdoor leek de houten torenspits van natuursteen.

's-Gravenhekje nummer 1, West-Indisch huis

❼ In 1642 werd hier het West-Indisch Huis gebouwd voor de in 1621 opgerichte West-Indische Compagnie. De WIC en de VOC hadden de wereld onderling verdeeld: de handel ten oosten van Kaap de Goede Hoop (Zuid-Afrika) was voor de VOC en alles ten westen voor de WIC. Zo hield de WIC zich bezig met de handel in West-Afrika, het Caribisch gebied, Suriname en Brazilië. Ook de han-

Pakhuis en hoofdkwartier van de West-Indische Compagnie.

delspost Nieuw Amsterdam (nu New York) werd aanvankelijk door de WIC bestuurd. De belangrijkste winsten in het westen vielen te behalen met suikerplantages en slavenhandel. Kaapvaart behoorde ook tot het domein van de WIC.

Piet Hein

De bekendste kapitein die voor de WIC op kaapvaart ging was Piet Hein. In 1628 veroverde hij in de omgeving van Cuba de zilvervloot op de Spanjaarden. Op de terugweg stuurde hij een bericht vooruit aan zijn vrouw om snel nog flink wat WIC-aandelen te kopen. Zijn vrouw weigerde om onduidelijke redenen aan deze handel met voorkennis mee te doen. Het zilver was 12 miljoen gulden waard en de WIC kon dat jaar een record van 50% dividend uitkeren. Dat heeft in huize Hein waarschijnlijk een fikse ruzie opgeleverd. Maar gelukkig bracht Piet behalve Spaans zilver ook de eerste cacao mee naar Amsterdam.

Prins Hendrikkade

8 Aan dit deel van de Prins Hendrikkade staan veel gebouwen die met de voormalige haven te maken hebben. Op nummer 159 zat de Holland West-Afrika lijn, zoals nog te zien is, en op nummer 161 hield de KNSM (Koninklijke Nederlandse Stoomboot Maatschappij) kantoor. Beide vertrokken in 1916 naar het nieuw geopende Scheepvaarthuis (zie 3). Op nummer 176 is D'Oude Werf gevestigd, een dubbel pakhuis uit begin zeventiende eeuw dat gebruikt werd door de VOC. Het poortje rechts van de pakhuizen leidde naar een VOC-werf. Aan het embleem boven het poortje is de letter A van Amsterdam toegevoegd. De VOC had namelijk ook vestigingen in o.a. Middelburg, Enkhuizen en Rotterdam. Het VOC monogram is een van de eerste bedrijfslogo's ter wereld. De VOC ontwikkelde zich tot de grootste werkgever in de Republiek, doordat zij de bouw en uitrusting van haar vloot in eigen hand hield. In de Jordaan waren bijvoorbeeld vele scheepsbeschuitbakkerijen die aan de VOC leverden. Een gemiddelde Oost-Indiëvaarder had 240 man aan boord en was acht maanden onderweg, zodat er per schip heel wat beschuitjes moesten worden ingepakt.

Monogram van de VOC.

Voor nieuwsgierigen die willen weten of hun voorouders met de VOC zeilden is een online archief beschikbaar. Op http://vocopvaren-den.nationaalarchief.nl kan men uw familienaam intikken.

Museumhaven en Scheepvaartmuseum

⑨ Rechts van het NEMO ligt de museumhaven van Amsterdam. Hier liggen historische binnenvaartschepen afgemeerd. De meeste worden bewoond. De laatste generatie zeilende bedrijfsvaartuigen werd tot 1920 gebouwd. Daarna raakte de zeilvaart op zijn retour. Vanaf de jaren zestig werden de schepen ontdekt als een alternatieve manier van wonen. Oorspronkelijk woonden de schippersfamilies in een klein roefje op het achter-

dek, de rest van het schip was bestemd voor de lading. Tegenwoordig worden ook de laadruimtes bewoond.

Achter de historische schepen van de museumhaven is het Scheepvaartmuseum van Amsterdam te zien. Het gebouw werd in een

Het pakhuis van de Admiraliteit, nu in gebruik als Scheepvaartmuseum.

Historische schepen in de museumhaven.

De pluimgraaf

In de zeventiende eeuw had Amsterdam een speciale ambtenaar die de zorg voor zwanen regelde, de zogenaamde pluimgraaf. De pluimgraaf moest de zwanen kortwieken en bij vorst een gat in het ijs hakken, zodat ze konden blijven zwemmen. Pluimgraven kregen een riant salaris en konden ook nog wat bijverdienen met de verkoop van schrijfgerei (zwaneveren) en af en toe een vette zwaan. De functie werd tijdens het oorlogsjaar 1672 opgeheven om kosten te besparen. Alleen aan boord van schepen leefde het beroep nog voort. Ook daar was het iemand die de zorg had voor het gevogelte.

recordtijd van negen maanden opgetrokken door stadsbouwmeester Daniël Stalpaert in 1656. Een groot verschil met de restauratie die drie jaar duurt. Eind 2010 gaat het museum weer open voor publiek. Het werd gebouwd als pakhuis van de Admiraliteit voor kanonnen, zeilen, vlaggen en andere scheepsuitrusting voor de oorlogsvloot. In de tongewelven onder de binnenplaats werd een kleine 40.000 liter regenwater opgevangen, als drinkwater voor de schepen.
De collectie van het scheepvaartmuseum is wereldberoemd. U vindt er prachtige scheepsmodellen, maritieme kaarten en schilderijen, de oudste afbeelding van New York [1656] en een deel van de rechterarm van Jan van Speyk, de zeeheld die zich met schip en al opblies. Ook onderdeel van het museum is de replica van de Oost-Indiëvaarder *Amsterdam* (p. 189), die tijdelijk aan de andere kant van het NEMO ligt afgemeerd.

NEMO

🔟 In het Oosterdok is de opvallende architectuur van wetenschapsmuseum NEMO uit 1997 al van veraf te zien. De Italiaanse architect Renzo Piano – bekend van het Centre Pompidou in Parijs – plaatste het museum boven de ingang van de IJtunnel. De contouren van het museum weerspiegelen de ingang van de tunnel, maar het gebouw doet meer denken aan een scheepsboeg. Het dak (of dek?) is overdag toegankelijk. Bovenop is een terras met veel uitzicht. Het wetenschapsmuseum NEMO is vooral een doe-ervaring. De bezoeker kan er zelf experimenten uitvoeren en van alles leren over wetenschap en techniek.

NEMO-brug: uitzicht over het Oosterdok

⓫ De brug die NEMO verbindt met het Oosterdokseiland biedt een prachtig uitzicht over het Oosterdok. Ook de *Amsterdam*, replica van een achttiende-eeuws VOC-schip, ligt

De Prins Hendrikkade gezien vanaf de NEMO-brug.

Uitzicht op NEMO vanuit de openbare bibliotheek.

hier afgemeerd. De skyline van de pakhuizen aan de Prins Hendrikkade met daarachter de spitsen van Montelbaans- en Zuiderkerkstoren is in de afgelopen 300 jaar nauwelijks veranderd. Eeuwenlang kwamen hier de zeelieden aan, na een lange en uitputtende reis. Op het voordek speurden ze reikhalzend de kade af op zoek naar bekenden of familie. Op de kade stonden de kooplieden die hadden geïnvesteerd in de vloot. Zij keken reikhalzend uit naar de lading en de eventuele winst.

Oosterdokseiland

⑫ Het Oosterdokseiland werd aan het einde van de negentiende eeuw aangelegd voor de spoorlijn en het Centraal Station. Na de verplaatsing van havenactiviteiten raakte de

Bouwactiviteiten naast de bibliotheek op het Oosterdokseiland.

zuidelijke IJ-oever in verval. Onder de naam ODE werkt de gemeente aan het plan om van het Oosterdokseiland in de toekomst weer een levendig en modern onderdeel van de stad te maken. Eind 2011 moet het project klaar zijn. Er wordt nog volop aan gewerkt, maar de eerste resultaten zijn al zichtbaar. De nieuwe openbare bibliotheek van Amster-

Uitzicht uit de bibliotheek op de binnenstad van Amsterdam.

dam werd in juli 2007 opgeleverd. Met ca. 28.000 m² en een verwacht jaarlijks bezoekersaantal van ca. 2 miljoen behoort het tot de grootste bibliotheken van Europa. Op de bovenste verdieping is een restaurant met uitzicht over de stad. Rechts daarvan is het nieuwe Conservatorium van Amsterdam gevestigd. Met pleinen, vlonders en bruggen hoopt men eiland en binnenstad tot een geheel te maken.

Dijksgracht

⓭ De voetgangersbrug over deze voormalige sluis brengt ons bij Klimhal Centraal (links) en een mooi uitzicht op NEMO (rechts). Men kan hier de wandeling bekorten door onder het spoor door te lopen en direct aan het IJ uit te komen. Maar u kunt

ook de sfeervolle Dijksgracht uitlopen. Hier treft u één van de laatste voorbeelden van de vrijgevochten romantiek die veel delen van de voormalige haven van Amsterdam vanaf de jaren tachtig kenmerkten. Aan de Dijksgracht liggen allerlei schepen in diverse stadia van ontbinding en conservatie. De bewo-

Woonschepen aan de Dijksgracht.

ners hebben hun schip hier afgemeerd toen het nog een vergeten uithoek van de stad was. Vergunningen, postadres en water- en elektriciteitsaansluitingen werden pas later geregeld. Om hen heen ontwikkelde het vervallen en verlaten havengebied tot een exclusief woon- en werkgebied. Tot nog toe leiden de bewoners hier een vrij en teruggetrokken bestaan tussen roestige verzamelingen, bloembakken en gammele schuurtjes op nog geen 50 meter afstand van de glimmende directiekantoren van Ahold en Philips aan de Oostelijke Handelskade.

Het terrein aan de overkant van de Dijksgracht is al sinds de zeventiende eeuw in gebruik door de Admiraliteit, nu de Nederlandse marine. Op Google Earth is het om die reden onherkenbaar gemaakt. Hier werd in 2004 tijdelijk een veilig onderdak geboden aan politica Hirsi Ali die, vanwege de film die ze met Theo van Gogh maakte, met de dood werd bedreigd.

Oostelijke handelskade en Java-eiland

14 Via de tunnel onder het spoor komt men op de Oostelijke Handelskade, aangelegd rond 1880. Hier rijdt de tram naar het nieuwe stadsdeel IJburg en aan de overkant van de drukke straat bevindt zich een mix van oude pakhuizen en interessante nieuwbouw. Recht tegenover de tunnel ziet u het pakhuis De Zwijger. Deze kade vormde het hart van de Amsterdamse haven in de periode tussen de twee wereldoorlogen. Pakhuis De Zwijger moest oorspronkelijk wijken voor de brug die hier ging komen. In plaats daarvan is er voor gekozen de weg dwars door het gebouw heen aan te leggen. Als we deze weg volgen komen we op de Jan Schaeferbrug die over

De Jan Schaeferbrug over de IJhaven met voetgangersbrug naar de kade.

de IJhaven de Oostelijke Handelskade met het Java-eiland verbindt. De brug werd in 2001 in gebruik genomen en biedt een prachtig uitzicht in beide richtingen. Het middelste brugdeel kan gedemonteerd en verwijderd worden om de grote zeilschepen tijdens Sail Amsterdam (p. 190) te laten passeren.

Vanaf het Java-eiland werd o.a. een lijndienst met Nederlands-Indië onderhouden. Na de dekolonisatie van Indonesië in 1949 vielen de havenactiviteiten hier stil. In de jaren tachtig namen krakers, kunstenaars en stadsnomaden bezit van het gebied. Architect Sjoerd Soeters kreeg in 1990 de opdracht een bebouwingsplan op te stellen voor het

De Passenger Terminal, hier met cruiseschip, is vanaf de Jan Schaeferbrug goed te zien.

eiland. Zijn aanpak kenmerkt zich door een grote variatie in bouwhoogte, kleur en materiaalgebruik. Wie nog energie heeft kan van hieruit de architectuur van het Java-eiland verkennen. De Brantasgracht is vlakbij en biedt een gevarieerde, moderne gevelrij. Een

postmodernistisch commentaar op de grachten van de binnenstad.

Moderne gebouwen worden hier over de oude pakhuizen heen gebouwd.

Piet Heinkade

⑮ Een mix van oude pakhuizen en nieuwbouw heeft van de Piet Heinkade een aaneengesloten geheel gemaakt. Achter de moderne gebouwen gaan soms oude pakhuizen schuil, zoals het pakhuis Amsterdam, hoofdkwartier van Greenpeace. Ook de directies van Ahold en Philips zijn op deze gewilde locatie neergestreken. Maar het water neemt nog steeds een belangrijke plaats in. Dankzij enorme cruiseschepen die soms in de IJhaven aanleggen bij de Passenger Terminal Amsterdam, heeft de kade haar nautische karakter behouden.

Muziekgebouw aan 't IJ

⑯ Prominent op de kop van de Piet Heinkade staat het Muziekgebouw aan 't IJ, de Amsterdamse concertzaal van de eenentwintigste eeuw, geopend in 2005. Het Muziekgebouw kan, terugkijkend langs de Piet Heinkade, worden beschouwd als de locomotief van 'de trein van kantoren, woningen en

Na een wandeling is het hier goed toeven.

pakhuizen' die in een strakke rij langs het spoor zijn opgesteld.

Het Muziekgebouw aan 't IJ richt zich in hoofdzaak op eigentijdse klassieke muziek. In het gebouw zijn twee muziekzalen gevestigd. De Grote Zaal is uniek dankzij de instelbare akoestiek, die kan worden beïnvloed door een beweegbaar plafond, vloer en zijwanden. Ook de verlichting is variabel van kleur. De twee muziekzalen zweven los in de hoge glazen hal die functioneert als een overdekt, openbaar plein. Jazzpodium het Bimhuis springt aan de oeverzijde in een zwarte schoenendoos uit de massa van het gebouw. Het ontwerp heeft diverse architectuurprijzen ontvangen. Voor het gebouw ligt een breed plein met trappen die tot aan het

water reiken. Dit ruime terras biedt prachtige uitzichten-met-zonsondergang over het IJ.

De loopbrug die toegang geeft tot het Muziekgebouw.

De *Amsterdam*

Het meest opvallende museumstuk van het Scheepvaartmuseum is de replica van het VOC-schip de Amsterdam. De replica werd gebouwd naar het model van het spiegelretourschip de Amsterdam uit 1748. Het oorspronkelijke schip had 335 opvarenden aan boord, waarvan meer dan de helft buitenlanders. De kapitein was Willem Klump, 33 jaar oud en afkomstig uit de Baltische plaats Mittau.

De *Amsterdam* was geladen met gebruiksgoederen voor de VOC in Azië, zoals bouwstenen en kanonnen, en proviand voor de bemanning; tevens muntgeld en zilver ter waarde van 300.000 gulden. Het schip vertrok voor haar eerste reis naar Batavia op 15 november 1748 vanaf de rede van Texel. Wegens stormachtig weer en tegenwind moest het tot tweemaal toe terugkeren. 'Driemaal is scheepsrecht' moet de kapitein gedacht hebben en op 8 januari 1749 is het schip, met vijf andere schepen, voor de derde keer uitgevaren. Het werd een korte reis. De aanvankelijk gunstige wind draaide naar het zuidwesten en groeide uit tot een zware en langdurige storm. Dagenlang probeerde het logge, zwaarbeladen schip tegen de loeiende wind en de zware zeegang op te kruisen. Uiteindelijk werd besloten beschutting te zoeken in een baai tussen Hastings en Beachy Head. In de baai stond echter zo'n zware deining dat het roer op de zeebodem stuksloeg. Het stuurloze schip ging voor anker en bleef zo nog enkele dagen wild stampend en slingerend liggen. Een epidemie aan boord had inmiddels aan 50 bemanningsleden het leven gekost. Om erger te voorkomen besloot de kapitein het schip op het strand te laten lopen en het leven van de overige bemanningsleden en de kostbare lading te redden.

De bemanning wist zich in veiligheid te brengen en kon ook nog het grootste deel van het zilver bergen. Engelse plunderaars stortten zich vrijwel onmiddellijk op het schip. Britse militairen moesten worden ingezet om het plunderen te stoppen. In de daaropvolgende weken deed de VOC verwoede pogingen om het splinternieuwe schip te redden, maar tevergeefs: De zware koopvaarder zakte binnen een paar weken weg in het zand en werd overspoeld door het water.

Bij laag tij wordt een deel van de gezonken Oost-Indiëvaarder zichtbaar, hier aan de Engelse kust bij Hastings.

Het wrak

In 1969 werd het wrak opnieuw ontdekt. Dankzij een extreem laag tij werden delen ervan zichtbaar. Door het snelle wegzinken in het zand was de romp nog vrijwel intact. Het schip bleek het best bewaarde VOC-schip te zijn dat ooit is gevonden (in totaal verloor de VOC 192 schepen), maar een berging van het wrak bleek onmogelijk. Vanaf 1983 werd gekozen voor een archeologisch onderwateronderzoek ter plekke. Zelfs de inhoud van de gevonden flessen wijn werd geanalyseerd. Het bleek een zoete witte Monbazillac-wijn uit de Bergerac te zijn.

De replica

Toen in het begin van de jaren tachtig het idee ontstond een replica van een Oostindiëvaarder te bouwen, werd al snel gedacht aan de *Amsterdam*. Over dit schip was dankzij het archeologische onderzoek veel informatie beschikbaar. Met het oog op de exploitatie van het schip moesten enkele concessies worden gedaan. Zo is het schip gebouwd van tropisch hardhout (iroko), dat beter bestand is tegen zoet water dan eikenhout, en de smalle laddertjes zijn vervangen door een trappenhuis. De replica van de *Amsterdam* werd door een team van 400 vrijwilligers gebouwd. Sinds 1990 ligt het schip afgemeerd aan de steigers van het Scheepvaartmuseum Amsterdam.

Sail Amsterdam

De replica van de *Amsterdam* heeft de aanzet gegeven tot meer replica's, zoals die van de *Batavia* uit 1628, ook afkomstig van een Amsterdamse werf. De replica van de *Batavia* ligt aan de gelijknamige werf in Lelystad. Sinds 1995 wordt op dezelfde werf een replica gebouwd van het oorlogsschip *De Zeven Provinciën*, vlaggeschip van Michiel de Ruyter. De bouw duurt nog zeker tot 2015. In

Onderzeeër op de Sail Amsterdam 2005. Op de achtergrond de gedemonteerde Jan Schaeferbrug.

Kampen werd een veertiende-eeuwse kogge gereconstrueerd, waarvan er verschillende werden ontdekt bij het droogmalen van de Flevopolder. In het stadszegel van Amsterdam figureert ook een kogge. In Australië werd een replica van het Amsterdamse schip de *Duyfken* gebouwd, het schip dat in 1605 Australië ontdekte. Het werd in 1999 gedoopt in Freemantle. Tijdens het herdenkingsjaar 2005 zeilde het schip zelfs naar Nederland. Het festival waarop veel van deze schepen en vele andere historische en bijzondere schepen te zien zijn is het vijfjaarlijkse evenement 'Sail Amsterdam'. Het werd voor het eerst gehouden in 1975 tijdens de viering van het 700-jarig bestaan van Amsterdam. Na het succes van 'Sail Amsterdam 700' werd in 1980 weer een Sail georganiseerd. Sindsdien is het de organisatie gelukt om de Sail elke vijf jaar te laten terugkeren, de laatste in 2005. Het festival vind plaats in augustus in de IJhaven.

8 | Groene stad
Noord en Waterland

Amsterdam-Noord is niet een stadsdeel waar men dwalend door de stad toevallig terecht komt. Je moet er echt naar toe en je moet weten hoe. Het Centraal Station keert dit stadsdeel letterlijk de rug toe. Achter die rug klotst het water van het IJ. Pas aan de overkant van het IJ begint Amsterdam-Noord. Veel toeristen beseffen nauwelijks dat zich achter het station nog een stadsdeel bevindt. Het staat vaak niet eens vermeld op toeristische plattegronden. Maar dit gaat veranderen. Amsterdam-Noord komt meer en meer in beeld bij bewoners, bedrijven en het toerisme. Het stadsdeel biedt een interessant alternatief voor het overvolle centrum. Hier kan men nog gratis een auto parkeren en een betaalbaar huis kopen. En per fiets is men in korte tijd in het weidse Waterland ten noorden van de stad. Een tocht met de pont achter Centraal Station naar de overkant van het IJ kan het begin zijn van een mooie ontdekkingsreis: hier ontvouwt zich een heel eigensoortig Amsterdam. Steeds meer mensen weten tegenwoordig die pont te vinden.

Tot 1795 werd de noordkant van het IJ slechts gebruikt als galgenveld van Amsterdam. Een lugubere plaats die door de meeste Amsterdammers werd gemeden. Pas aan het einde van de negentiende eeuw kreeg de overkant van het IJ serieuze belangstelling van de stad. De haven en industrie groeiden en daarvoor was ruimte nodig. In Noord vestigden zich Fokker, Shell en de NDSM-scheepswerven. De industrie gaf werk aan duizenden mensen, voor wie vanaf de jaren twintig luxe tuindorpen werden gebouwd. De zware industrie is zo goed als verdwenen, maar de gebouwen, kades, kranen en tuindorpen staan er nog. De industrieterreinen worden nu bevolkt door kunstenaars, bedrijven en culturele instellingen. Muziekzender MTV houdt er kantoor en het Filmmuseum

heeft er gedurfde nieuwbouw gepland. Studenten wonen er in containers en veel loodsen zijn omgebouwd tot ateliers of bedrijfsruimten.

Waterland is het landelijk gebied tussen Amsterdam-Noord, Zaandam, Hoorn en het Markermeer. Hier liggen pittoreske dorpjes als Durgerdam en Ransdorp. Het is er rustig, met uitgestrekte groene weilanden, stolpboerderijen en vergezichten over het water. Het is een fietsgebied bij uitstek. Eeuwenoude kerktorens zijn nog altijd de oriëntatiepunten.

Waterland en Noord

(15 km, ± 3 uur)

Deze fietstocht voert door het mooiste dat Amsterdam-Noord en Waterland te bieden heeft. Een tocht langs tuindorpen, watervlakten, historische dijkdorpjes en de vergane glorie van industriële architectuur.

De ontdekking van Noord begint bij de pont achter het Centraal Station.

Volewijk

❶ Het pontje van het Centraal Station naar het IJplein is een van de weinige gratis diensten van Amsterdam. De enige andere zijn de overige pontjes. De overzijde van het IJ is in de loop der tijd dichterbij gekomen. Vroeger was het IJ breder, en getijden en zout water hadden er vrij spel. In de zeventiende eeuw was de overkant van het IJ, niet ver van waar de pont aanlegt, in gebruik als galgenveld. Misdadigers die op de Dam waren terechtgesteld werden hier, soms in delen, opgehangen en tentoongesteld totdat de lichamen waren vergaan. Ieder schip dat de haven van Amsterdam naderde kon het galgenveld zien. Zo werd direct bij binnenkomst duidelijk

gemaakt dat Amsterdam een stad was waar streng werd opgetreden tegen ordeverstoorders. In 1664 liet Rembrandt zich naar de overkant van het IJ roeien en maakte er een bijzondere tekening: Een jonge vrouw hangt levenloos aan een paal. Uit onderzoek bleek dat het hier ging om Elsje Christiaanse, 18 jaar oud en afkomstig uit Jutland. Zij werd ervan beschuldigd haar hospita met een bijl te hebben vermoord. Haar doodvonnis werd voltrokken op de Dam. Dankzij Rembrandt is zij aan de vergetelheid ontsnapt.

Nieuwendammerdijk

❷ Nieuwendammerdijk is onderdeel van de oorspronkelijke Waterlandse Zeedijk, die zich als een snoer door heel Amsterdam-Noord

Halverwege de Nieuwedammerdijk treft u café Het Sluisje.

slingert. Hij was niet altijd sterk genoeg. In 1625, 1687, 1825 en 1916 waren er dijkdoorbraken.

Halverwege de Nieuwendammerdijk bevindt zich café Het Sluisje met een terras aan het water. Het café fungeerde sinds 1792 als herberg voor reizigers die per schip, paard of koets langskwamen. De sluis naast de herberg verbindt het IJ met een kanaal dat naar het Buikslotermeer voerde. Het Buikslotermeer was ongeveer 340 ha groot en 3 tot 4 meter diep voordat het in 1627 werd drooggemalen en ingepolderd. Aan het sluiswachtershuis hangt nog een bord met de schutsprijzen.

Tuindorp Nieuwendam

❸ In de jaren twintig verrezen aan de rand van Amsterdam tuinsteden: woonwijken met

Het arbeidersparadijs Tuindorp Nieuwendam, een van de tuindorpen uit de twintiger jaren in Amsterdam-Noord.

eengezinshuizen en veel groen. Ze waren bestemd voor de arbeiders van de nabijgelegen havens en industrie. Tuindorp Nieuwendam laat zien waar deze sociale betrokkenheid toe kan leiden. In vergelijking met de krotten van de Jordaan (p. 107) gingen de bewoners er een stuk op vooruit. Het tuindorp Nieuwendam werd voor de Tweede

Wereldoorlog gezien als het mooiste tuindorp van Europa dat voor arbeiders was
gebouwd. Het vooruitstrevende project kreeg
zelfs aandacht van Fransen en Engelsen, die
kwamen kijken om kennis op te doen
over dit verschijnsel. Nieuw was ook dat de
wijk geen openbaar badhuis kende, de huizen waren voorzien van een badruimte, waar
bewoners zelf een douche of bad konden
plaatsen. In 1927 werden de laatste woningen opgeleverd.

Oranjesluizen

④ Door tegenover restaurant de Kievit
rechts de Noorder-IJdijk in te slaan komt men
uit bij de Oranjesluizen. Deze sluizen werden
gebouwd vanwege de aanleg van het Noordzeekanaal. Het Noordzeekanaal moest
Amsterdam een directe verbinding met zee
geven. Om de waterstand in dit kanaal goed
te kunnen regelen, was het nodig het IJ aan
de oostzijde af te sluiten van de toenmalige
Zuiderzee. In 1872 voer het eerste schip door
de sluis. Het Noordzeekanaal kwam gereed in
1876. Jaarlijks passeren ongeveer 120.000
schepen door deze sluizen.

Schellingwouderkerk

⑤ Terug op de Schellingwouderdijk bevindt
zich tussen de nummers 293 en 295 een
fietspad dat leidt naar de Schellingwouder-
kerk. Onderaan de dijk bevindt zich de kerk,
een idyllische plek tussen moestuinen, gras-
land en water. De kerk dateert uit 1866 en is
gebouwd op een terp. De vorm en constructie doet denken aan kerken in Scandinavië en
Noord-Amerika. De kerk is erg in trek als
trouwlocatie.

Durgerdam

⑥ Durgerdam is ontstaan aan een dijk die
werd opgeworpen na de Sint-Elisabethsvloed
van 1421. Oorspronkelijk heette het dorp
Ydoornickerdam als verwijzing naar het door
de Sint-Elizabethsvloed verzwolgen dorp
IJdoorn. Ydoornickerdam is verbasterd tot
Durgerdam. De prominente kapel op de hoek

*Het schilderachtige dijkdorpje Durgerdam is een
beschermd dorpsgezicht.*

van de dijk werd gebouwd in 1687 nadat
bijna geheel Durgerdam door brand was verwoest. De bewoners leefden van de zeevaart.
Toen de handel in de achttiende eeuw achteruit ging schakelde men over op de visserij. Na
de aanleg van de Afsluitdijk in 1932 raakte
ook de visserij op de Zuiderzee in het slop. De
vroegere botterhaven is nu in gebruik als
jachthaven. Van de vele herbergen die het
dorp in de bloeitijd telde bleef alleen De Oude
Taveerne bestaan, nu met een prachtig terras
aan het water. Aan de overkant van het water
is IJburg te zien, de nieuwste stadsuitbreiding
van Amsterdam. IJburg werd aangelegd op

Links staan de masten van de jachthaven strak in het gelid en rechts de puntdaken van de dijkhuisjes.

nieuw gevormde eilanden in het IJmeer. Het eiland Pampus (p. 214) is ook zichtbaar en bij helder weer kan men aan de overzijde zelfs het Muiderslot zien liggen.

Vuurtoreneiland

7 Bij het verlaten van Durgerdam via de dijk bevindt zich rechts het Vuurtoreneiland. Het is als deel van de 'Stelling van Amsterdam' op de werelderfgoedlijst van Unesco geplaatst. Eens per jaar kan men onder begeleiding van Natuurmonumenten het eiland bezoeken. De Stelling van Amsterdam werd eind negentiende eeuw gebouwd als een verdedigingslinie van dijken, dammen, forten, sluizen en kazematten. Bij gevaar kon het gebied buiten de stelling onder water

Zicht op het IJmeer met in het midden de vuurtoren.

worden gezet. De stelling heeft er mede toe bijgedragen dat Nederland in 1914 haar neutraliteit behield. Tussen 1826 en 2003 werd de functie van vuurtorenwachter op het eiland uitgeoefend door verschillende generaties van de familie Engel. Vissers noemden de vuurtorenwachter de 'Engelbewaarder van het IJsselmeer'. Bij de pensionering van Jan Engel in 2003 kwam er een eind aan de dynastie van 'Engelbewaarders'.

Ransdorp

8 Ransdorp is eenvoudig te vinden. De prominente stompe kerktoren wijst de weg. Het is een oude plaats, die in de middeleeuwen reeds privileges van de graven van Holland en Amstelland ontving. Korte tijd was Ransdorp zelfs belangrijker dan Amsterdam. Tijdens de Tachtigjarige Oorlog werd het dorp herhaaldelijk verwoest door zowel Spanjaarden als Geuzen.

De 32 meter hoge kerktoren werd in de periode 1502-1542 gebouwd. Daarna was er geen geld meer voor een spits. De toren biedt een prachtig uitzicht over Waterland en Amsterdam en is van begin april tot eind september voor het publiek geopend. Tegenover de kerk staat het oude raadhuis. Dit is in 1652 in renaissancestijl gebouwd als vergaderplaats voor de Unie van Waterland. De houten huizen zijn karakteristiek voor het gebied: doordat ze lichter zijn dan huizen van steen, zakken ze minder snel weg in de slappe veenbodem.

Ransdorp was ook de woonplaats van Geertje Dircx, huishoudster, model en minnares van Rembrandt. Zij kwam na het overlijden van Rembrandts vrouw Saskia in 1642 bij hem in dienst en verzorgde zijn zoon Titus. Na een hoog opgelopen ruzie en een gerechtelijke procedure liet Rembrandt haar opsluiten in een tuchthuis in Gouda.

De stompe kerktoren van Ransdorp is een handig kompas voor de fietser.

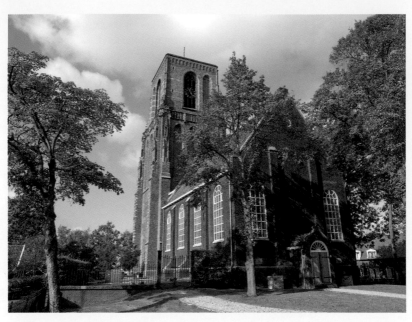

De zestiende-eeuwse kerk van Ransdorp.

Waterland

9 Waterland is een veenweidegebied. In de twaalfde eeuw was dit veengebied reeds grotendeels ontgonnen. Het veen lag destijds een paar meter hoger dan de zeespiegel, maar was erg drassig. Om het water af te voeren werden sloten gegraven. Het veen werd daardoor droger, maar het zakte ook in. Hierdoor dreigde het land onder te lopen. Na grote overstromingen in de twaalfde en dertiende eeuw, waarbij o.a. de Zuiderzee en de Beemster ontstonden, werd de Waterlandse Zeedijk aangelegd. De strijd tegen het water maakte samenwerking noodzakelijk. De dorpen Ransdorp, Zuyderwoude, Zunderdorp, Schellingwoude, Broek in Waterland en Landsmeer richtten daartoe in 1619 de Unie van Waterland op. De zes pijlen in de rech-terpoot van de Zwaan in het Waterlandse wapen herinneren aan deze onderlinge band. De Nederlandse overlegcultuur (het 'polder-model') kan herleid worden tot dit soort samenwerkingsverbanden. Tegenwoordig

Vanaf het water heeft men in Waterland een goed uitzicht over het lagergelegen land.

Typerende Noord-Hollandse stolpboerderij.

wonen in Waterland vooral forenzen. Een flink aantal boeren verdient er nog zijn brood met de melkveehouderij. De kenmerkende Noord-Hollandse stolpboerderijen zijn nog te zien. In dit type boerderij zijn woning en stal samengebracht onder een piramidevormig dak.

Zunderdorp

10 'De Ingesetenen aldaar hebbende een vet Weydeland, melken veel Beesten, brengende haar melk alle dagen tot Amsterdam, ofte maaken daar Kaas en Boter van', aldus een van de weinige bronnen over Zunderdorp, uit de zeventiende eeuw. De naam Zunderdorp is waarschijnlijk ontleend aan de 'sundels', smalle vaarten die vanaf het dorp naar het IJ stroomden. Hierover werd in roeiboten de melk vervoerd. Zunderdorp is kleiner dan Ransdorp en telt ongeveer 250 inwoners.

We vervolgen de route, passeren links de golfbaan en gaan onder de snelweg door tot aan het Noordhollands Kanaal. We volgen het kanaal tot de rood-gele brug. Die gaan we over en we volgen het kanaal zuidwaarts met het water links.

Noordhollandsch kanaal

11 De aanleg van het Noordhollandsch kanaal was de eerste poging van Amsterdam om de haven beter bereikbaar te maken. Het werd met de schop gegraven door een leger van ongeveer 9.000 slecht betaalde arbeiders en kwam gereed in 1824. Het liep van het IJ tot aan Den Helder en heeft een lengte van 75 km. Een directe verbinding van Amsterdam met de Noordzee durfde men nog niet aan, uit angst voor de kracht van de zee. Het kanaal leverde slechts een beperkt voordeel op voor de Amsterdamse haven. De reistijd werd erdoor bekort, maar de schepen moesten wel met soms acht paarden door het

De rood-gele ophaalbrug over het Noordhollandsch kanaal.

kanaal worden gesleept. Met de groei van het scheepvaartverkeer en de grotere omvang van de schepen werd het kanaal al snel te klein. Een halve eeuw later werd het Noordzeekanaal gegraven.

Aan de overkant van het kanaal komt de krijtmolen D' Admiraal in het vizier.

Krijtmolen D'Admiraal

12 Krijtmolen D'Admiraal [1792] is de enige op wind aangedreven tras- of krijtmolen ter wereld. Tras is fijngemalen tufsteen en was een ingrediënt voor metselspecie. Traditioneel worden in de Zaanstreek bij feestelijke gebeurtenissen zoals een huwelijk de wieken van molens met 'mooimakersgoed' versierd. In zo'n geval worden er harten, vlaggen en afbeeldingen van een mannetje en een vrouwtje in de wieken gehangen. De molen D'Admiraal is de eerste molen in de geschiedenis waarbij twee mannetjes in de wieken werden gehangen ter gelegenheid van het huwelijk van de molenaar en zijn vriend. *Aan het eind van de Buikslotermeerdijk rechtsaf de borden volgen richting Oostzaan. U bereikt nu de Buiksloterdijk.*

Buiksloterdijk

13 In 1660 verleenden de Staten van Holland octrooi aan Buiksloot voor het transport van goederen tussen Amsterdam en de steden Purmerend, Hoorn, Edam, Monnickendam. Deze veerdienst bracht het dorp tot

De monumentale dijkhuizen aan de Buiksloterdijk getuigen van een rijke geschiedenis.

grote bloei. Achter de dijk ligt het kerkje van Buiksloot, in 1609 gebouwd op de plaats van een middeleeuwse kapel. In de volksmond heette de Buiksloterdijk ook wel 'de kapiteinshemel' omdat gepensioneerde kapiteins hier graag hun droomhuis lieten bouwen. *We volgen de Buiksloterdijk tot aan de rechterhand de Floraweg verschijnt. Die fietsen we uit tot aan de Klaprozenweg, rechtsaf de Klaprozenweg volgen tot aan de Ms Van Riemsdijkweg. Hier linksaf tot aan de NDSM-werf.*

NDSM-werf

14 De Nederlandsche Dok en Scheepsbouw Maatschappij (NDSM) was een scheepswerf voor scheepsbouw, reparatie en machinebouw en ontstond in 1946 uit een fusie van verschillende maatschappijen. Honderden

werknemers fietsten hier jarenlang elke ochtend door de poort naar binnen met de broodtrommel onder de snelbinders. Ze bouwden grote schepen, zelfs mammoettankers. Maar de NDSM verloor de concurrentiestrijd met goedkope bouwers in Azië en in 1984 ging de werf op slot.

Het logo van de NDSM-werf.

Een blik richting Centraal Station vanaf het terrein van de NDSM. Twee Paaseiland-achtige sculpturen houden de wacht.

Vrijplaats

Het NSDM-terrein werd jarenlang min of meer aan zijn lot overgelaten maar werd in de jaren negentig ontdekt door kunstenaars en vrijbuiters die er ateliers vestigden en de werven en kranen gebruikten als onderdeel van *performance art* en als decor van toneelvoorstellingen. De NDSM ontwikkelde zich tot een culturele vrijplaats, waar creatieve chaos en roestend industrieel erfgoed samen voor een unieke sfeer zorgen.

De NDSM-loods is altijd toegankelijk. Op halve hoogte werd een skatebaan ingebouwd en er zijn ateliers van diverse kunstenaars. De overige loodsen zijn alleen bij speciale gelegenheden geopend. Op het hele

Studentenwoningen gemaakt van kleurrijke containers. Op de achtergrond de enorme NDSM-loods.

terrein is een bonte verzameling van objecten te zien: oude tramstellen die deels worden bewoond, roestende scheepsonderdelen en sculpturen uit diverse kunstprojecten.

Horeca en evenementen

In het gebouw Baanderij (voorheen kantoor en kantine van de NDSM), nabij de pont aan de museumhaven, is café-restaurant de IJ-

Café Noorderlicht is gevestigd in een soort bouw-loods aan het water.

Kantine gevestigd. Aan de andere, oostelijke kant van het terrein is direct aan het water in een halfrond gebouw het gezellige café Noorderlicht gevestigd. Beide hebben een terras.

In de zomer is het terrein het decor van het Over-het-IJ-festival. Elk eerste weekend van de maand zijn er vlooienmarkten in de

gigantische IJ-hallen of daarbuiten. Verder worden er openluchtconcerten op de grote helling georganiseerd. Zie ook: www.ndsm.nl.

Museumhaven en pont

In het havenbekken bij de IJkantine liggen een aantal bijzondere schepen, met de bedoeling een museumhaven te vormen. Het hoogtepunt van de collectie is ongetwijfeld de Russische onderzeeër uit de jaren vijftig, met een hamer en sikkel op de boeg. De schepen vormen een mooi decor, maar zijn meestal niet toegankelijk. Vanaf de museumhaven varen sinds 2004 twee gratis veerponten: één naar de Houthaven aan de overkant en één terug naar het Centraal Station. De fietstocht kan hier worden afgesloten met een boottocht over het IJ.

De pont brengt u weer terug naar het Centraal Station. Rechts van de pont ziet u de Russische onderzeeër liggen.

Normaal Amsterdams Peil

Een fietstocht door Amsterdam-Noord en Waterland maakt de eeuwenoude, dubbele rol van het water zichtbaar. Enerzijds was het water de voortdurende vijand van de Hollander, anderzijds bracht de nabijheid ervan steden als Amsterdam tot ongekende bloei. Met de bouw van de Afsluitdijk en de Deltawerken werd de strijd voorlopig beslist in het voordeel van de Hollanders, maar dat kan in de toekomst – met een voortdurend stijgende zeespiegel – weer veranderen. Het belang en het gevaar van het water werden ook door burgemeester Johannes Hudde [1628-1704] onderkend. Hij ging de geschiedenis in als de grondlegger van het Normaal Amsterdams Peil.

Burgemeester Hudde was tevens een bekend wiskundige. Hij stond in contact met Spinoza en Christiaan Huygens en zijn geschriften hebben invloed gehad op de werken van Leibniz en Newton. Hij besefte dat waterstanden alleen goed gecontroleerd kunnen worden als er sprake is van een gestandaardiseerd referentiepunt. Zijn 'Stads Peyl' werd in 1684 bepaald en was afgeleid van de gemiddelde zomervloedstand van het IJ.

De enige overgebleven steen van Hudde. De groef geeft het peil aan.

gegeven. In de Eenhoornsluis (Korte Prinsengracht ter hoogte van de Haarlemmerdijk) is zo'n steen nog te zien, met het opschrift: 'Zee dyks hooghte zynde negen voet vyf duym boven stadtspeyl'. Dat is 2.676 meter boven het Amsterdams Peil (AP). Een Koninklijk Besluit van 1818 maakte het AP tot referentievlak voor heel Nederland. De hoogte van het AP, gebaseerd op de stenen van Hudde, werd overgebracht naar een groot aantal plaatsen in het hele land, en daar vastgelegd door middel van peilmerken. Dit gebeurde door middel van waterpassing, een landmeetkundige techniek. Hierbij moet men rekening houden met de kromming van het aardoppervlak. De zeespiegel volgt immers

Hij liet witmarmeren stenen inmetselen in de acht sluizen van Amsterdam langs de zuidzijde van het IJ. Door middel van horizontale groeven werden de referentiepunten aan-

ook de kromming van het aardoppervlak. Na een normalisatie in 1885 werd het peil NAP genoemd, wat staat voor Normaal Amsterdams Peil. In 1879 werd Duitsland aangesloten op het NAP. Het peil heet daar *Normalnull*. In 1973 volgden andere Europese landen. Ook Japan en Indonesië hanteren tegenwoordig een systeem gebaseerd op de uitgangspunten van het NAP.

Het NAP wordt al lang niet meer alleen gebruikt ter controle van het waterpeil. Er zijn legio andere toepassingen zoals: terreinhoogtemetingen, wegenaanleg en archeologische opgravingen. Uit het verschil in terreinhoogte tussen twee punten kan ook het hellingspercentage worden afgeleid.
In 1953 is het NAP opnieuw vastgelegd. Het huidige centrale referentiepunt bevindt zich onder de Dam. Op 90 centimeter onder de straatstenen bevindt zich een bronzen bout op een 22 meter lange heipaal. De bout is geplaatst op een hoogte van 1,43 meter boven NAP. Het punt onder de Dam is sindsdien het uitgangspunt voor hoogtebepalin-

De bronzen bout op de pilaar bevindt in de Stopera op 0,0 meter NAP.

gen in Nederland. Later werd een bout op 0 meter NAP aangebracht in de Amsterdamse Stopera aan het Waterlooplein. Die bout, met een bijbehorende permanente tentoonstelling, is dagelijks te bezichtigen. Om uw eigen positie te bepalen t.o.v. het NAP kijk op www.geo-loket.nl.

Niet alle Europese landen hebben het NAP ingevoerd. België heeft nog een eigen systeem, dat uitgaat van het gemiddelde van de lage getijden i.p.v. de hoge getijden. Als België zich zou aanpassen aan het NAP, zou dat een translatie van ongeveer 2,3 meter tot gevolg hebben. Dit zou o.a. betekenen dat de hoogten van de bergen in de Ardennen met 2,3 meter omlaag moeten worden bijgesteld.

Kaart van Waterland omstreeks 1288. Middenonder bevindt zich Amsterdam.

De Portugese synagoge bij kaarslicht.

9 | Stille stad
inspirerend Amsterdam

Dit hoofdstuk geeft een overzicht van inspirerende plekken met een betekenis of verhaal. Het kunnen kerken, synagogen of moskeeën zijn, maar ook parken, steegjes of bijzondere architectuur. Veel van de locaties zijn al in voorgaande hoofdstukken ter sprake gekomen. In dat geval wordt er doorverwezen. Een dwarsdoorsnede van inspirerend Amsterdam.

Binnenstad

● **Allemanskapel**,
Oudezijds Voorburgwal 100
Midden op de Wallen, naast sekspaleis Casa Rossa staat de Allemanskapel. Vrijwilligers zorgen hier voor maatschappelijke opvang van onverzekerden, illegalen of verslaafden. Oudezijds 100 staat open voor allen die samen willen leven en werken en daarmee ook zichzelf helpen. In het souterrain van het pand staat een ronde tafel, waarbij iedereen kan aansluiten. Overdag staat deze stilteplek voor iedereen open.

● **Armeens Apostolische kerk**,
Kromboomsloot 22
Armenië was een van de eerste landen ter wereld waar het christendom staatsreligie werd. Doordat Armenië omgeven werd door islamitische buren, speelde de Armeense gemeenschap een bemiddelende rol in de Amsterdamse handelsbetrekkingen met de islamitische wereld. De kerk opende in 1714 haar poorten toen Amsterdam een toevluchtsoord werd voor Armeense christenen.

Interieur van de Armeens Apostolische kerk.

Tussen 2008 en 2010 wordt het kerkgebouw gerenoveerd. Daarna zal de Armeense gemeente zich weer in het gebouw vestigen. De bovenste verdiepingen krijgen een museale bestemming.

● **Begijnhof**,
met Engelse kerk en Mirakelkerk (p. 67).

● **Boeddhistische tempel Fe Guang Shen**, Zeedijk 106-118 (p. 50).

● **Gebed Zonder End**,
Gebed Zonder End (p. 71).

De voormalige Sint-Ignatiuskerk aan de Rozengracht is verandert in de prachtige Fatih-moskee.

De koepel van de Nicolaaskerk.

● **Nicolaaskerk,**
Prins Hendrikkade 73 (p. 42).

● **Oude Kerk,**
Oudekerksplein (p. 48).

● **De Papegaai,**
Kalverstraat 58 (p. 62).

Jordaan

● **Fatih-moskee,**
Rozengracht 146-150
Op de plek van de huidige Turkse Fatih-moskee stond vroeger het verenigingsgebouw Constantia. Dit was de plaats waar Domela Nieuwenhuis zijn socialistische redevoeringen hield. Later werd hier de Sint-Ignatius kerk gebouwd, die in 1929 werd ingewijd. In 1981 werd het gebouw ingericht als moskee. Een plek dus waar het socialisme, het katholicisme en de islam werden beleden. De kerk is gebouwd in een oriëntaalse stijl die prachtig aansluit bij de functie van moskee. Tijdens het gebed richten de gelovigen zich tot de voormalige hoofdingang, waar een mihrab is aangebracht met daarboven een kalligrafie van Gods naam. In de voormalige hoofdingang zijn enkele winkels gevestigd. De stil-

De voormalige kluis van het gebouw de Bazel, nu in gebruik als schatkamer van het Stadsarchief.

te in de ruimte is overweldigend, van de drukke Rozengracht is niets te horen. De ruimte is te bezoeken, behalve tijdens het vrijdagmiddaggebed.

● **Hermetische Bibliotheek**, Bloemstraat 15 (p. 98).

● **Hofjes in de Jordaan**
De in totaal 24 hofjes in de Jordaan zijn niet allemaal voor het publiek toegankelijk, maar vaak is het een kwestie van gewoon de deur openen en binnenlopen. Binnen heerst rust en de intieme sfeer van zeventien- of achttiende-eeuws Amsterdam. Bezoekers worden geacht die rust te respecteren (Sint-Andrieshofje, p. 99, Anslo's Hofje, p. 100 en Kartuizerhofje, p. 102 of kijk op www.jordaanweb.nl).

Grachtengordel

● **De Bazel**,
Vijzelstraat 32
Het imposante onderkomen van het Gemeentearchief Amsterdam is tegelijk een 'oosterse tempel'. Het gebouw bevat elementen uit de tradities van hindoeïsme, boeddhisme, theosofie en vrijmetselarij. Het werd door architect Karel de Bazel in 1926 gebouwd als hoofdkantoor van de Nederlandsche Handel-Maatschappij. Archeologische opgravingen zoals die van het graf van Toetanchamon in 1922 wekten destijds veel interesse voor oude culturen en religies. Als lid van de theosofische vereniging had De Bazel hiervoor buitengewone belangstelling. Opvallend is bijvoorbeeld de overeenkomst tussen de boeddhistische Borobudur-tempel op Java en het NHM-

gebouw. De Bazel ontwierp ook talloze interieuronderdelen van het gebouw, zoals de vloermozaïeken en telefooncellen, tot en met het servies en de asbakken.

Het gesloten exterieur staat in schril contrast met het interieur. Binnen is het gebouw gevuld met licht, lucht en ruimte en overheerst een sober, witgepleisterd classicisme. De lichthoven zorgen voor een maximale, verticale lichtinval. Het betreden van het gebouw lijkt daardoor op een proces van transformatie. Na de donkere entree wordt de bezoeker plotseling geconfronteerd met het licht waardoor de blik als vanzelf omhoog gaat. Dit vinden we terug in veel oosterse religieuze architectuur. De keuzes voor de verspringende gevel, de gestreepte patronen en de gebruikte materialen zijn terug te voeren op tradities in oosterse religies, de vrijmetselarij en de theosofie. De prachtige kluis, nu in gebruik als schatkamer van het Stadsarchief, oogt als een Egyptische grafkamer. Het gebouw is dagelijks gratis toegankelijk.

● **Beulingstraat met het Ignatiushuis**, Tussen Singel en Herengracht, nabij Spui. Deze straat biedt aan het eind een geweldig uitzicht over de Leidsegracht. Stadse drukte

De bruggen van de Leidsegracht, gezien vanuit de Beulingstraat.

en toerisme gaan aan dit straatje voorbij. Op nummer elf is het Ignatiushuis gevestigd, een centrum voor geloofsverdieping en christelijke spiritualiteit. Het is verbonden aan de nabij gelegen Jezuïetenkerk, de Krijtberg. Er zijn lunchconcerten, een meditatie-uur en tentoonstellingen te bezoeken.

Barokke romantiek en rust in het Museum Van Loon.

● **Museum Van Loon**, Keizersgracht 672 (p. 122).

Het interieur van de Krijtberg is een feest voor het oog.

● **De Krijtberg**, Singel, nabij Spui (p. 69).

Plantagebuurt

● **J.W. van Overloopplantsoen**,
Plantage Muidergracht, hoek Plantage
Parklaan
Het J.W. Overloopplantsoen is een idyllisch
plekje met een muurfonteintje, veel groen en
een ronde tafel. De tafel werd in 2005
geplaatst ter ere van de dichter Adriaan Morriën [1912-2002]. Het plantsoen was een
inspirerende plek voor Morriën die hier
tegenover woonde. De in 1924 ontworpen
fontein met de koppen Nacht en Dag maken
deze verscholen stilteplek compleet.

*Idyllisch bruggetje aan de achterzijde van de Hortus
Botanicus.*

● **Hortus Botanicus**,
Plantage Middenlaan 2a (p. 141).

Lente in Artis.

● **Artis**,
Plantage Kerklaan 38-40 (p. 138).

Oost

Joodse voormalige begraafplaats naast het Flevopark.

● **Joodse begraafplaats**,
Zeeburg, Flevopark
Joodse graven worden nooit geruimd en na
verloop van tijd krijgt de natuur er vrij spel,
waardoor de dood wordt overwoekerd door
nieuw leven. De enige joodse begraafplaats
die direct bij Amsterdam ligt is die van Zeeburg, naast het Flevopark. De weinige zerken
die nog boven het lange gras uitsteken doen
niet vermoeden dat er ruim 100.000 joden
begraven liggen. Veel zerken zijn weggezakt
in de drassige bodem. Begraafplaats Zeeburg
heeft dienst gedaan tussen 1714 en 1942 en
was vooral bestemd voor arme joden voor
wie de joodse begraafplaats van Muiderberg
te duur was. Zeeburg was een begraafplaats
voor Asjkenazische joden, herkenbaar aan de
rechtopstaande stenen. Op Sefardische
begraafplaatsen liggen de stenen plat.

● **Pampus**,
Eiland in het IJmeer,
bereikbaar vanuit Muiden
Voor de echte stiltezoekers heeft Amsterdam
zelfs een vrijwel onbewoond eiland in de
aanbieding. Het eiland Pampus was eeuwen-

lang een zandbank en een opstakel voor de zeevaart, waar schepen met behulp van een 'scheepskameel' overheen getild moesten worden. De uitdrukking 'voor Pampus liggen' vindt er zijn oorsprong. In 1873 werd het eiland onderdeel van de Stelling van Amsterdam en als zodanig staat het op de werelderfgoedlijst van Unesco. Buiten de weekenden en vakanties is het een heerlijk rustige plek, waar de stilte alleen onderbroken wordt door klotsend water en het geluid van de wind. Het eiland is bereikbaar met een veerdienst vanuit Muiden, op fietsafstand van Amsterdam van april tot november. Sportieve bezoekers kunnen ook bij camping Zeeburg een kano huren en zelf naar het eiland peddelen.

● **Portugese Synagoge**,
Mr. Visserplein 2 (p. 134).

Zuid

● **Kapel van de Vrouwe van alle Volkeren**,
Diepenbrockstraat 3
In Amsterdam-Zuid, vlakbij de grote hallen van de RAI, staat de kleine kapel van de 'Vrouwe van alle Volkeren'. Deze werd in 1976 opgericht naar aanleiding van een reeks Maria-verschijningen, waargenomen door zieneres Ida Peerdeman [1905-1996]. Lange tijd werd zij – ook door de katholieke kerk – beschouwd als een hysterica.
Haar leven lang nam Ida Peerdeman vreemde, soms profetische, dingen waar. Zij was 12 jaar oud toen zij in 1917 in de Spuistraat haar eerste verschijning kreeg. Tussen 1945 en 1959 verschijnt Maria in totaal 56 keer aan

Ida Peerdeman. De Moeder Gods vertelde Ida dat zij 'Vrouwe van alle Volkeren' genoemd wilde worden. Maria legde in detail uit hoe zij moest worden afgebeeld. Het schilderij dat naar aanleiding van deze omschrijving is

Het schilderij van de Vrouwe van alle Volkeren, het centrale cultusobject van de Amsterdamse Maria.

gemaakt hangt nu in de kapel en dient als het centrale object in de cultus van de 'Vrouwe van alle Volkeren'. Bidprentjes met deze afbeelding zijn over de wereld gegaan.
De kerk was aanvankelijk niet blij met de nieuwe cultus. Het Vaticaan zag niets bovennatuurlijks in de gebeurtenissen. Maar de wereldwijde verering van de Amsterdamse Maria bleek niet te stoppen. In 2002 gaf de bisschop van Haarlem officiële erkenning aan de bovennatuurlijke oorsprong van de verschijningen. Toch is er binnen de katholieke kerk nog discussie over de interpretatie van de boodschappen.

Niet alle aanwijzingen van Maria zijn opge-
volgd. Tijdens de 52ste verschijning in 1957
wijst Maria vanuit Ida's woning aan de Uiter-
waardenstraat 408 naar de plaats waar haar
kerk gebouwd moest worden. De Vrouwe
toont Ida in een visioen het model van de
kerk, een enorm moskee-achtig gebouw met
drie koepels. Die kerk is er nooit gekomen;
op deze locatie staat nu het RAI-congres-
gebouw. Wel staat er op de Diepenbrockstraat 3 een bescheiden kapel. Dagelijks
komen hier pelgrims uit de hele wereld, o.a.
veel Zuid-Koreanen, om voor de beeltenis
van de 'Vrouwe van alle Volkeren' te bidden
en de misviering bij te wonen.

West

● **Kraakmoskee**,
bruggebouw boven Ring A10, Bos en Lom-
merplein
In het glazen gebouw boven de A10 ter hoogte van afslag 104 is sinds 2006 de enige
kraakmoskee van Nederland gevestigd. Het
gebouw werd gekraakt door enkele jongeren
uit de Pijp. Zij droegen het pand over aan de
Stichting Asser, die al veertien jaar naar een
geschikte gebedsruimte zocht voor de Marokkaanse moslims van Bos en Lommer. Het
stadsdeel maakte bezwaar en de kraakmoskee leek geen lang leven beschoren, maar in
2009 werd er al voor de derde maal ramadan
gevierd. De juridische strijd tussen eigenaar
Fortis en de Stichting duurt nog voort. Dagelijks bezoeken bijna 200 gelovigen de kraakmoskee. De locatie boven de A10 is een
eigenaardige locatie voor spiritualiteit. Terwijl
de imam spreekt en de knieën zich buigen

voor het gebed raast een paar meter lager
over zes banen de ochtendspits voorbij.

*Watervalletjes en moerascipressen achter de Gas-
houder op het Westergasfabriekterrein.*

● **Westergasfabriekterrein en park**,
Haarlemmerweg 8-10
Het terrein van de Westergasfabriek heeft
een heel eigen sfeer. De romantiek van oud
industrieel erfgoed wordt er gecombineerd
met een scala aan culturele activiteiten én
een park. Een wandeling door het park is een
ontdekkingstocht langs verborgen plekken
met watervalletjes, vijvers en bijzondere
planten en bomen. Ten noorden van de Gashouder en het Transformatorgebouw liggen
de 'wetgardens', waar moerascipressen in
het ondiepe water groeien. In de watertuin
ten westen van de Gashouder is een beekje
aangelegd dat in westelijke richting stroomt.
Er groeien varens en Japanse esdoorn. Het
park werd in 2003 opgeleverd en is een mooi
en modern voorbeeld van openbare groen-
voorziening.

Noord

● **NDSM-werf**, Neveritaweg 15 (p. 203).

● **Durgerdam,** Durgerdammerdijk (p. 197).

10 | Amsterdam in boek en film

BOEKEN

- Geert Mak, *Een kleine geschiedenis van Amsterdam*. Helder en mooi geschreven historisch overzicht, vol met kleine verhalen.
- Joosje Lakmaker, *Voorbij de Blauwbrug*. *Het verhaal van mijn joodse grootvader*. Emancipatie en ontwikkeling van de Amsterdamse joden.
- Thomas Rosenboom, *Publieke werken*. Roman over een bewoner van de Prins Hendrikkade die zich rijk rekent als hij weigert zich te laten uitkopen om ruimte te maken voor het Victoria Hotel.
- Gerrit Komrij, *De klopgeest*. Roman die speelt in het fin de siècle met opkomend socialisme, grenzeloos vertrouwen in de toekomst en veel belangstelling voor spiritualiteit.
- Flip Droste, *De aanslag op Amsterdam* (roman). Kroniek uit de jaren 1534-1535. Een spion van de bisschop van Utrecht wordt naar Amsterdam gestuurd om verslag uit te brengen van de activiteiten van de dissidente Wederdopers.
- Theo Thijssen, *Kees De Jongen* (roman). Het bekendste boek van Theo Thijssen uit 1923. Kees de Jongen groeit rond 1890 op in de Jordaan. De Jordaan zoals men die alleen van oude foto's kent – met handkarren, gaslantaarns en belhamels met grote petten – komt in deze klassieker tot leven.

FILMS

The Diary Of Anne Frank [1959]

Eerste verfilming van het beroemde dagboek. De binnenopnamen vonden plaats in Beverly Hills, de buitenopnamen in Amsterdam. Verschillende meisjes van rond de 15 jaar werden getest voor de rol van Anne Frank. Ook Audrey Hepburn en Romy Schneider werden genoemd. Uiteindelijk werd gekozen voor het onbekende model Millie Perkins (19). Dat was volgens de regisseur nodig voor de geloofwaardigheid van haar karakter. Shelly Winters kreeg voor haar rol als mevrouw Van Daan een Oscar (Best Supporting Actress), die te zien is in het Anne Frank Museum.

Diamonds Are Forever [1971]

James Bond brengt in deze film een bezoek aan Amsterdam. Hij wordt op pad gestuurd om een diamantsmokkel op te lossen. Een groot deel van de film speelt in het Caribisch gebied, maar er zijn ook een paar aardige opnamen van Amsterdam. Sean Connery die in zijn Aston Martin over de Leidsegracht rijdt en zonder probleem een parkeerplaats vindt, bijvoorbeeld.

Ocean's Twelve [2004]

In april en mei 2004 liep de hoogste concentratie Hollywood-sterren ooit door de binnenstad van Amsterdam, waaronder Brad Pitt, George Clooney, Matt Damon en Julia Roberts. In *Ocean's Twelve* van regisseur Steven Soderbergh komen een dozijn dieven naar drie Europese steden om een aantal bijzondere schatten te stelen. Volgens het script zou de *Nachtwacht* worden gestolen uit het Rijksmuseum, maar door de renovatie van het Rijksmuseum ging dat niet door. Dus werd gekozen voor het eerste aandeel ter wereld, een document van de VOC. Opnames vonden plaats op de Herengracht, het Koningsplein en op het station van Haarlem.

Nachtrit [2006]

Over taxichauffeur Dennis die ongewild een rol gaat spelen in de Amsterdamse taxioorlog. Amsterdam is er vooral zichtbaar door de ruiten van een taxi. Op het Rembrandtplein wordt de taxi van Dennis vernield en breekt een vechtpartij uit waarbij de ME ingrijpt. De scène gaat terug op een incident op het Leidseplein.

Dankwoord van de auteur

Met dank aan Laura Teekens en alle fotografen die belangeloos hebben meegewerkt. Uitgeverij Meinema wil ik bedanken voor de opdracht en Machteld, Piet en Maria van Veldhuizen voor hun enthousiasme en het uittesten van de wandelingen. Joachim Mädlow bedankt voor je aanvullende research in stadsdeel Noord. Tot slot dank aan de collega's van de Vrije Werkplek (www.devrijewerkplek.nl) voor hun belangstelling en bijdragen. Voor wie benieuwd is naar voorgaande en volgende projecten op het gebied van tekst, beeld, Amsterdam en geschiedenis kijk op: www.studioteekens.nl.

Registers

Begrippen

Musea en bezienswaardige gebouwen

Personen

| Verantwoording

Foto's

Alle foto's zijn van de auteur met uitzondering van onderstaande:

ARTIS Amsterdam	214 onderaan
Ellen Mäder-Gutz	91 links
Fouquet prenten	12, 13, 80, 94
Gert-Jan van Rooij	65, 68, 78
INDG Amsterdam	168 artist impression
JHM, Liselore Kamping	133
Joachim Mädlow	32, 193, 195, 196, 201 rechts, 202-205
Koninklijk Paleis Amsterdam	56, 58
Machteld Maris	15, 21, 129 onderaan, 157, 158 rechts 2x, 160, 170, 171
Marcel Meijn	89 rechts, 190
Massimo Catarinella	208-209
Merlijn Michon Fotografie	27, 28, 32, 128, 134, 185, 188, 189, 211 bovenaan,
Museum Van Loon	122 links, 213 bovenaan
Nieuwe Kerk Amsterdam	93
Péter Lauko	24 onderaan
Rijksmuseum Amsterdam	11, 38, 39, 64
Spaarnestad Fotoarchief	110 onderaan
Stadsarchief Amsterdam	76, 79, 121 onderaan, 147, 149 rechts, 212
Studio Matusiak	22 affiche
Tassenmuseum	122 rechts, 126 links
Paul Marbus	22
Onbekend	14, 24, 37, 62, 81, 96, 97, 107, 111, 112, 113, 125, 136, 142, 148, 159, 161, 177, 189, 191, 207 links

Cartografie

© 2009 gemeente Amsterdam, Dienst Persoons- en Geo-informatie, unit Geo-informatie bewerking StudioTeekens	41, 60, 92, 116, 130, 154, 176
StudioTeekens	194